A CULPA NÃO É SUA

Anna Izabel Fagundes

A Culpa Não é Sua

PERDÃO:
a Essência da transformação

EDIÇÕES
BesouroBox

4ª edição / Porto Alegre - RS / 2021

Capa e projeto gráfico: Marco Cena
Revisão: Ateliê do Texto
Editoração eletrônica: Bruna Dali e Maitê Cena
Assessoramento de edição: André Luis Alt

F156c Fagundes, Anna Izabel
A Culpa não é Sua: Perdão: a Essência da transformação / Anna Izabel Fagundes. 4.ed. – Porto Alegre: BesouroBox, 2021.
176 p.

ISBN: 978-85-99275-56-6

1. Espiritualidade: vivência e compreensão. 2. Crescimento espiritual. I. Título.

CDU 130.122

Cip – Catalogação na Publicação - Vanessa I. de Souza CRB10/1468

Direitos de Publicação: © 2021 Edições BesouroBox Ltda.
Copyright © Anna Izabel Fagundes, 2021.

Todos os direitos desta edição reservados à
Edições BesouroBox Ltda.
Rua Brito Peixoto, 224 - CEP: 91030-400
Passo D'Areia - Porto Alegre - RS
Fone: (51) 3337.5620
www.besourobox.com.br

Impresso no Brasil
Janeiro de 2021.

Agradecimentos

*Assis Bonoso Fagundes, meu pai
e Vergínia Scallia,
minha mãe (in memoriam)
As relações tanto familiares
como profissionais e afetivas que
serviram ao propósito da compreensão
e aceitação do Ser Divino e único que somos.
Aos meus filhos, por representarem a
presença constante do Amor em minha vida.*

SUMÁRIO

PREFÁCIO 13

INTRODUÇÃO 15

A REALIZAÇÃO DOS IDEAIS 19

CAPÍTULO 1 – OBSTÁCULOS 23
Julgamento 23
Ansiedade 24
Medo 25
Raiva 27
Culpa 28
Falta de Perdão 29

**CAPÍTULO 2 – DESVENDANDO A
   FALTA DE PERDÃO** 31
O que conhecemos sobre o perdão 32
Como a falta de perdão se instalou em nós 33

A mancha do pecado original 34
De onde se originou essa mancha de pecado
    pela qual nos sentimos culpados? 34
E a culpa? Como desfazê-la? 36
Como identificar a falta de perdão? 39
Como a fraqueza e a impotência estão
    relacionadas com a falta de perdão 41

CAPÍTULO 3 – COMO PERDOAR A NÓS MESMOS E AOS OUTROS VERDADEIRAMENTE 43

1ª Lição: desaprendendo o que ensinamos a nós mesmos
    sobre aceitar e ser aceito pelo
    grupo social, familiar e profissional 44
2ª Lição: aprendendo em favor da verdade 45
3ª Lição: aprendendo a ser gratos 46
4ª Lição: praticando o não julgamento 48
5ª Lição: descobrindo a alegria de ser generoso 49
6ª Lição: tirando o poder das idolatrias sobre nós 50
7ª Lição: vencendo o medo da morte
    e celebrando com alegria a Vida 51

CAPÍTULO 4 – O DESFAZER DA CULPA, PERDÃO, MERECIMENTO E ACEITAÇÃO 55

EXERCÍCIOS: A CONDUÇÃO 56

1º Exercício: aceitar que inventamos
    o mundo que vemos 57
2º Exercício: aceitar que existe outro modo
    de olhar para o que está acontecendo 57
3º Exercício: aceitar que podemos ver
    paz em vez do que estamos vendo 58

4º Exercício: aceitar que nossa mente
 é parte da mente do Criador 58
5º Exercício: aceitar que Deus vai conosco
 aonde quer que vamos 59
6º Exercício: aceitar que Deus é o
 Amor no qual perdoamos 60
7º Exercício: aceitar que Deus é a
 força na qual confiamos 61

CAPÍTULO 5: VIVENDO O PRESENTE, PERDOANDO E ENSINANDO A PERDOAR 65
O perdão 66

CAPÍTULO 6: 10 PASSOS PARA DESFAZER A CULPA 69
1º Passo: a aceitação da divindade que habita em nós 69
2º Passo: ouvindo a nossa alma 70
3º Passo: o encontro com o Espírito Santo, nosso Guia 71
4º Passo: liberando a mente 73
5º Passo: tomando atitudes com base na essência 74
6º Passo: aprendendo a não julgar 75
7º Passo: vivenciando a verdade 76
8º Passo: vencendo o especialismo 77
9º Passo: aceitando o desfazer da culpa 79
10º Passo: sentindo a alegria de viver sem culpa 80

CAPÍTULO 7: 10 PASSOS PARA DESFAZER O MEDO 83
1º Passo: questionando os nossos vícios 83
2º Passo: questionando a nossa dependência 85
3º Passo: revendo o conceito de relacionamento 86

4º Passo: questionando o orgulho 88
5º Passo: vislumbrando o Amor 89
6º Passo: admitindo os equívocos em nome do amor 91
7º Passo: o abandono das ilusões em favor da Verdade 92
8º Passo: o que é o Amor, então? 94
9º Passo: o poder da oração no desfazer do medo 95
10º Passo: aprendendo a andar sem medo 96

CAPÍTULO 8: 10 PASSOS PARA DESFAZER A FALTA DE PERDÃO 97
1º Passo: o desfazer do ego 98
2º Passo: aceitando a nossa cura 99
3º Passo: aceitando a paz que a cura oferece 100
4º Passo: revendo as nossas relações 102
5º Passo: aprendendo sobre o sofrimento 104
6º Passo: aprendendo a viver sem sofrer 106
7º Passo: desfazendo a idolatria 107
8º Passo: a certeza do desfazer da idolatria 108
9º Passo: o perdão completo 109
10º Passo: o novo começo 110

CAPÍTULO 9: REGRAS PARA DECISÕES 111
A linguagem da alma 113
Essência 114
Ego 115

CAPÍTULO 10: RELATOS DO APRENDIZADO 121
Angústia x Paz 121
Desigualdade x Igualdade 122
Entrega 123
Medo x Amor 124

Idolatria x Fé 125
Determinação e Confiança 126
Ímpeto x Coragem 127
Apego x Amor 128
Verdade e Autenticidade 129
Depressão x Perdão 130
Sofrimento x Ataque 131
Mágoa x Liberação 133
Ilusões x realidade 135
Atitude x Conformismo 136
Responsabilidades x Limites 137
Trabalho x Missão 138
Disposição e Alegria 140
Obstáculos x Superação 142
Incerteza x Medo 143
Evolução e Amadurecimento 145

CAPÍTULO 11: A SEDIMENTAÇÃO DO APRENDIZADO SOMOS LUZ! VIEMOS PARA BRILHAR! 147

O amor nos criou como ele mesmo 148
Fortalecimento 149
Domínio Pessoal 151
Autonomia 152
Equilíbrio 152
Dar os milagres que recebemos 154
Realizar sem culpa 154
Aceitar, evoluir e expandir através do Amor 155
Trabalhar para e com o Amor 156
A entrega 157
A responsabilidade pelo que vivenciamos 158
O perdão, nossa única função 159

CAPÍTULO 12: CRESCIMENTO E EVOLUÇÃO – CONSIDERAÇÕES 161

Ciúme – teria o ciúme poder de impedir o crescimento e a evolução de alguém? 161

Mágoa – o que a mágoa faz com os nossos relacionamentos? 162

Idolatria – o que significa idolatrar alguém e por que idolatramos? 163

Inveja – por que esse sentimento existe? 163

Ninguém é simpático a ele e como, então, ele sobrevive? 163

Euforia 164

Irritação 164

Culpa 165

Medo – como desfazemos a presença dessa força negativa? 166

Perdão 167

Julgamento 167

Orgulho – o que significa? Pode ser positivo? 168

Obsessão x Desobsessão 169

CONCLUSÃO 171

BIBLIOGRAFIA 173

PREFÁCIO

    Enquanto estivermos envolvidos na busca de ideais, sobra pouco espaço para a compreensão do porquê desta existência. Por que tanto sofrimento e dor, tanta incerteza e insegurança por uma vida que simplesmente terminará? Por que lutamos tanto e nos alegramos tão pouco? Qual o sentido disso tudo?

    Lembro-me de quando comecei a fazer esses questionamentos, dizendo que a vida não poderia ser apenas para trabalhar, ser mãe, comer, dormir, distrair-me com alguma idolatria, rir poucas vezes, preocupar-me muito e não me sentir realizando algo que realmente valesse a pena. Deveria existir algo que eu ainda não havia descoberto. Deveria ter um sentido para nascer, crescer e morrer.

    Hoje, quando escrevo sobre isso, entendendo bem mais do que havia concebido compreender sobre o verdadeiro sentido da nossa existência, certifico-me de que tudo o que vivemos tem muito sentido, de que somos uma grande contribuição do Criador para a evolução da humanidade, que temos, sim, uma missão a ser cumprida e que essa missão pode ser realizada por meio de todas as atividades que desenvolvemos. Todas, sem exceção, devem ser realizadas com o objetivo de alcançar o mais alto degrau da escada que leva à realização.

Se, para compreender quem somos verdadeiramente e o porquê de estarmos aqui precisamos passar pelo processo de conquistas materiais, devemos fazê-lo. Mas, para isso, vamos nos utilizar de atitudes dignas e de caráter, fundamentadas na ótica Divina, pois somente por meio delas é que elevaremos a nossa Alma. E, ao elevá-la, iniciamos um processo de crescimento espiritual que nos permitirá visualizar o contexto no qual estamos inseridos de forma ampla, avaliando o que é importante para nós, além de compreender quais são os valores que queremos vivenciar e passar adiante. E, ao optar sempre pela nobreza dos sentimentos que realizam por meio da igualdade, vamos ao encontro do verdadeiro sentido da existência.

O sentido maior para todas as buscas de um ideal é transformar e apurar os nossos sentimentos. Se, nessa passagem, conseguimos transformar o ódio em Amor verdadeiro, ao menos uma vez, já é o bastante. O que passaremos a sentir a partir daí nos fará despertar para o desejo de melhorar e sentir sempre mais o "sabor" indescritível do Perdão.

Com o Perdão completo, a nossa mente libera-se, passando a comunicar-se livremente, trazendo para junto de nós o que acreditamos merecer e, também, o que nem sabemos ser merecedores, mas que já está preparado para nós.

Com essa certeza, desejo a todos que os seus ideais se tornem realidade e nada, no caminho para essa realização, deixe de ser entregue ao nosso Ser Divino, para que seja utilizado e transformado, dando um novo e revelador sentido aos acontecimentos do seu dia a dia.

Muita Paz, Alegria e Amor nessa caminhada para o verdadeiro sucesso!

INTRODUÇÃO

Todos nós acalentamos sonhos. Sem eles, a nossa existência parece não ter sentido. A busca por ideais faz parte da nossa caminhada aqui. Durante esse andar, tropeçamos muitas vezes e sofremos demais.

A causa dessa dor e sofrimento é a pouca compreensão do porquê dos fatos sucederem-se em nossas vidas. A falta de sentido, atribuída às situações difíceis com que nos deparamos, colabora grandemente para os sentimentos de desamparo e insegurança presentes no nosso dia a dia.

Tentamos encontrar uma fórmula para a realização dos nossos sonhos: estudamos, trabalhamos e nos relacionamos, até obtemos várias conquistas que idealizamos, mas sempre falta algo ou ainda fica o medo de que tudo acabe.

Diante disso, nossa mente continua a projetar um futuro sem descanso. A falta de Paz é visível e tentamos driblá-la com projetos diferentes que nada mais fazem do que alimentá-la. É neste ambiente de grande tensão e ansiedade que efetuamos a busca por uma vida digna e próspera.

Há um caminho traçado para que tenhamos a abundância material e a Paz que desejamos. Basta segui-lo, permitindo-nos a ser guiados e conduzidos, escolhendo e tentando outra vez, sempre que nos desviarmos e sentirmos que estamos nos afastando do nosso propósito.

É esse andar que compartilho com aqueles que, como eu, sentem a urgente necessidade de realização do seu ideal, mas querem atingi-lo com atitudes que lhes façam evoluir, trazendo para junto de si tudo o que buscam, mas com a Paz e a tranquilidade advindas do Amor colocado em cada passo na direção do objetivo.

Ao avançar em direção à busca idealizada, deparamo-nos com situações que bloqueiam o caminho. Muitas vezes, acreditando não saber de onde provêm essas dificuldades, desistimos, imaginando não possuir a força necessária para superá-las ou, quando ainda acreditamos que a força deve vir de fora de nós, que ela possa não estar à nossa disposição por algum motivo.

Vamos entender e dar nome aos obstáculos que se interpõem entre nós e o objetivo traçado. Eles são conhecidos por:

Ansiedade, Julgamento, Medo, Culpa e Falta de Perdão.

Em seguida, iremos rever o que já conhecemos sobre o Perdão e como a sua falta se instalou em nós.

Reaprenderemos sobre o pecado e a culpa, passando a identificar a existência de falta de Perdão em nós.

Vamos entender, também, porque a fraqueza e a impotência estão relacionadas com a falta de Perdão. Com uma melhor compreensão desses sentimentos, passamos a ser orientados por lições que trarão para junto de nós o que buscamos, reforçando o nosso entendimento sobre como colocá-las em prática no nosso dia a dia: falaremos em como Perdoar verdadeiramente, desaprendendo tudo o que ensinamos a nós mesmos quanto a aceitar e ser aceito pelos grupos social, familiar e profissional.

Aprenderemos a favor da Verdade, a ser gratos e a praticar o não julgamento. Iremos descobrir a alegria de ser generosos. Entenderemos a importância de tirar o poder das idolatrias sobre nós. Vamos superar o medo da morte, celebrando com alegria a vida. Aprenderemos, também, sobre o Perdão e a cura e, por último, vamos traduzir a linguagem da Essência.

Com essas lições, não teremos a pretensão de saber tudo. Vamos, humildemente, aceitar que podemos andar por um caminho de Paz e tranquilidade, também, enquanto realizamos os objetivos que traçamos. Não esperaremos mais a sua concretização dos mesmos para ter Paz e plenitude, sentiremo-nos em Paz e plenos no momento presente, no agora, em tudo o que realizarmos para chegar até os ideais.

Para isso, acalmaremos a nossa mente, desfazendo conceitos que dificultam a entrada da Paz, abrindo espaço para colocar aí os nossos objetivos na busca de realização.

Diante desse aprendizado, compreenderemos que basta pedir para receber o que foi dado e aceitar o que já está presente, compartilhando sempre o nosso propósito e não fazendo pelo outro, mas entregando ao Criador o desejo sincero de que todos possam evoluir sentindo o Amor dentro de si, assim, desfazendo o senso de interesses separados, que a errônea crença em sermos separados uns dos outros nos fez sentir.

A REALIZAÇÃO DOS IDEAIS

Estamos sendo informados por meio de livros e filmes sobre o segredo da obtenção do sucesso. Tratam-se de excelentes trabalhos, com uma concentração de informações preciosas sobre o poder existente em cada um de nós capaz de atrair para a nossa existência o que desejamos.

Em resumo, devemos saber o que queremos, escrever, mentalizar e até desenhar os objetos de desejo. A partir dessa constatação, entregar esses sonhos ao Universo e o mesmo se encarregará de nos encaminhar, na forma material, no momento em que nossa mente aceite recebê-los. O prazo para essa realização dependerá do tempo que acreditamos ser necessário para que o processo se desenvolva. Se a nossa mente conceber que é difícil, levará mais tempo. Se for algo que consideramos fácil, o tempo será menor.

Devemos, também, pensar positivamente sempre e não deixar de acreditar que o nosso desejo irá se concretizar sob pena de, quando ele estiver emergindo, a nossa descrença impedir a sua realização. Além disso, jamais dizer o que não queremos, pois o Universo entende a negação como uma afirmação.

Por que algo aparentemente tão simples não é utilizado por todos? Por que grande parte da humanidade se sente infeliz em seus relacionamentos e a renda está concentrada em um percentual tão pequeno de pessoas?

Particularmente, sou partidária da mentalização positiva e, como reforço, vi meus familiares crescerem materialmente de forma impressionante, utilizando-se, também, desse recurso por meio da Fé.

A verdade é que tudo o que realizamos em nossa existência parte desse princípio: pensamos ou mentalizamos as nossas necessidades e elas são supridas por meio da criação. A dificuldade encontrada por todos os que não estão sendo atendidos em suas preces ou mentalizações é a do sentimento da falta de merecimento ou falta de Perdão, que é o mesmo.

Ao acreditar ser merecedor de pouco e mentalizar muito, deixaremos de atrair o que desejamos e passamos a ter dificuldades de sustento no nosso dia a dia. A mente, voltada à grandiosidade, não se interessa pelo momento presente e não aceita começar pelo início, quer ver o ideal realizado prontamente, permanecendo preso a ele e não conseguindo realizar as atividades diárias com interesse e tranquilidade.

Os pensamentos começam a rodar, questionar onde e como poderá obter o que idealizou, prejudicando e criando sérias dificuldades em nossos relacionamentos.

Na realidade, estamos em busca do que os objetos e realizações podem nos oferecer: BUSCAMOS AQUILO QUE PENSAMOS SENTIR QUANDO OS CONQUISTARMOS.

Queremos ser admirados e, talvez, invejados, queremos ser mais do que acreditamos ser e estar acima de algo ou alguém, o que reforça uma sensação nem sempre reconhecida: a culpa.

Podemos, também, pensar que queremos ser apenas amados, felizes e nos sentir seguros. E acreditamos que uma grande quantidade de dinheiro, bens materiais e um relacionamento afetivo com determinada pessoa irão nos dar essa felicidade e segurança. Não importa de que forma idealizamos o nosso bem-estar, estamos sempre em busca dele por meio de idolatrias baseadas em bens materiais, dinheiro e relacionamentos.

Sem nos sentir totalmente merecedores pelo sentimento de culpa, poderemos, por meio da força do ego, realizar o que desejamos e, quando o almejado sucesso nos chega, estamos desgastados, às vezes, doentes e, possivelmente, não perceberemos que ele já chegou. A mente continua lá, no início do processo de busca, ainda procurando pelos sentimentos os quais se acreditava que o sucesso material lhe traria.

A palavra que resume e traduz essa busca intensa e agitada é uma só: AMOR. Nela está contido tudo o que a humanidade precisa e quer. E é por meio dela que obteremos tudo o que desejamos. TUDO, sem exceção.

O importante é que, ao realizar conquistas pela ótica do Amor, ninguém irá perder para que saiamos ganhando. Conquistaremos o que desejamos sem que pareça ser uma luta, deixando vir a nós de forma simples, sem complicações.

Por qual motivo, infelizmente, costumamos separar o sucesso material do Amor? Pelo fato de sentirmo-nos indignos do verdadeiro Amor. Além disso, acreditamos que atitudes com base no Amor nos mostrariam como fracos, impedindo que realizássemos o que desejamos. Esse entendimento existe porque só conhecemos o amor do ego, um sentimento dependente e egoísta, que realmente enfraquece.

Como desconhecemos o Amor verdadeiro, optamos pelo medo e seus sentimentos decorrentes, como a raiva, a culpa e a falta de Perdão, e acreditamos que estes nos tornarão fortes para enfrentar tudo e todos. Com o medo assegurando o seu lugar em nós, saímos à "luta", à nossa guerra diária para a sobrevivência ou sucesso. Com o medo presente, quando um ganhar, o outro tem de perder. Podemos até dizer que queremos que todos saiam ganhando, mas é improvável que tal sentença seja verdadeira quando estamos em um campo de batalha.

Como realizar o que desejamos por meio do Amor verdadeiro?

E o medo o que significa realmente?

Por que sentimos tanto medo durante a nossa existência?

Por que o que conquistamos nunca é duradouro ou suficiente?

Por que passamos por tanta ansiedade e sofrimento?

Fiz essas perguntas há alguns anos, após ter obtido várias conquistas as quais idealizara, mas constatado que me sentia pior do que antes de tê-las realizado.

A resposta veio por meio de um aprendizado que desfez o que eu havia ensinado a mim mesma, colocando-me em contato com o verdadeiro Amor, e que vem trazendo para minha existência tudo o que eu busquei, com muitos acréscimos.

Esse é novo entendimento que humildemente pretendo passar aos que, como eu, buscam se realizar pessoal e profissionalmente, mas querem sentir alegria, Paz e tranquilidade continuamente.

Vamos, agora, iniciar a nossa jornada, buscando realizar, por meio do Amor, descobrindo que esse sentimento está sempre presente, mesmo que não o consideremos como sendo de fato Amor.

As atitudes que estamos relacionando aqui são todas expressões do Amor, não as consideramos assim porque não fomos ensinados que TODOS SOMOS DIVINOS, PRODUTOS DO AMOR.

Vamos aprender, também, que a Verdade significa exatamente que, na verdade, nem eu, nem você, nem o outro escolhemos agir sem Amor. Apenas não estamos conscientes dele quando nos expressamos de forma contrária a ele. Portanto, no momento em que nos expressamos ou agimos de forma não amorosa, estamos simplesmente pedindo Amor. Assim, todo o gesto de desamor é um pedido de socorro por Amor.

CAPÍTULO 1
OBSTÁCULOS

Ao desenvolver nossas atividades voltadas ao objetivo traçado, vamos de encontro a inúmeros obstáculos. Eles disfarçar-se-ão em vários sentimentos e dificilmente entenderemos do que se trata. É possível driblá-los com a Fé, mesmo que não seja diretamente direcionada ao Criador. O fato de estar voltada a algo que não vemos é o suficiente, e como os objetos de desejo ainda estão em nossa imaginação, a Fé que depositamos neles vai nos ajudar a materializá-los ou conquistá-los.

Com os objetos de desejo em mente, partimos em sua busca. Embora nos digam que devemos entregar a sua materialização, iniciamos a jornada para que se tornem realidade, já que o nosso aprendizado sobre alcançar objetivos é que devemos nos dedicar para conquistá-los. Mas ao mantermos o foco no trabalho que devemos realizar, tornamo-nos insatisfeitos, agressivos e intolerantes. São os sinais dos obstáculos que se aproximam:

Julgamento

Com a idealização, internamente, inicia um questionamento se o que desejamos é possível de ser concretizado, se somos capazes, se estamos fazendo o bastante para ser merecedores, estendendo esse julgamento para com todos os envolvidos no ideal e também fora dele. Oscilamos em nos sentir perfeitamente íntegros para merecê-lo, passando, em seguida, a pensar exatamente o contrário. Revemos acontecimentos passados e projetamos o futuro com base neles. É a negação instalando-se. Quanto mais queremos afastá-la mais espaço ela ocupa a nossa mente, utilizando-se, também, de outros sentimentos decorrentes. Em geral, conseguimos contornar essa negação por meio da Fé nos objetos de desejo, encontrando motivos para nos sentir merecedores, como, por exemplo: estou sendo um bom profissional, tenho uma ótima formação, etc., embora sejam motivos válidos, não significam nada para a aceitação do próprio merecimento, pois são julgamentos.

O julgamento faz parte da mente que não perdoa. Estamos sempre julgando o nosso merecimento, além de fazer o mesmo com o merecimento dos outros. É um conflito desgastante e difícil. A única forma de sair dele é por meio da ENTREGA. Devemos parar de querer saber se somos merecedores, entregando essa decisão para Quem tem o poder de decidir. Não deixaremos de acreditar na realização, apenas não julgamos. Essa atitude nós passaremos a ter, também, com o merecimento alheio.

Com esse comportamento, apaziguamos a nossa mente, facilitando, assim, a aceitação do merecimento e a consequente realização do ideal.

Ansiedade

A busca dos ideais gera uma grande dose de ansiedade. Isso ocorre porque julgamos o nosso merecimento e, não acreditando ser merecedores, passamos a sentir culpa ou impotência. Dessa forma, sentimo-nos inadequados até para mentalizar o que acreditamos que nos trará a sonhada plenitude. Imaginamos determinada situação, queremos acreditar que ela nos dará segurança e alegria. Algo nos diz que não é bem assim, mas, como precisamos acreditar em alguma coisa, seguimos em frente com a nossa idealização. O ego transforma a ansiedade em raiva que, em algumas vezes, é manifestada e, em outras, reprimida. Seguimos acreditando que é assim mesmo, que não há outro jeito, se existir, seria desistir do ideal, e isso o ego até aceita, mas nos transformaria em derrotados ou perdedores antes de tentar, o que geraria muita frustração e mais ansiedade.

A ansiedade é um componente da mágoa que sentimos por não nos permitir ter e ser aquilo que desejamos. A mágoa afasta o Milagre. Normalmente, ela faz-se mais presente quando nos esforçamos a ser e agir de forma contrária ao que realmente gostaríamos, com o objetivo de atingir algo. Quando nos perdoamos, isso significa que passamos a compreender que o valor daquilo que idealizamos não está acima do sentimento criador – o Amor –, que é quem tem o poder de criá-lo, a ansiedade desaparece, mas ainda permanecem outros, entre eles, o medo.

Medo

Esse sentimento é muito hábil em travestir-se em sentimentos positivos. Começa negando a necessidade da realização do ideal (que é diferente da entrega, pois nela se mantém a escolha feita, apenas deixamos de ficar presos na sua realização, confiantes na Força do Amor), passando a julgar quem já obteve sucesso e comparar a realização do sonho com quem já o realizou e encontrar pontos negativos para desistir dele. Ele assusta com alguns sinais de que o processo possa ser verdadeiro e dar certo, entrando em conflito com essa possibilidade, deixando-nos em estado de euforia, fazendo com que nos sintamos *donos* de um resultado que ainda não foi obtido. Poderá fazer com que nos sintamos em um estado de carência muito grande, em geral, voltado ao futuro, ancorado no passado. Percebemo-nos sem condições de pagar nossos compromissos, sem condições de manter-nos e manter a nossa família e começamos a agir como se não tivéssemos o necessário. Sentimo-nos terrivelmente sozinhos e derrotados. Passamos a ser mesquinhos e pequenos em pensamentos e atos. Tentamos voltar ao ideal, mas, com a força desse sentimento em nós, é impossível acreditar em uma mudança para melhor. Tudo o que vemos é uma vasta escuridão, na qual não encontramos a saída. Com a aproximação do medo, a Fé some e começamos a andar em círculos, batendo em portas que não se abrem. Sentimo-nos com muita coragem em um determinado momento e, em seguida, acovardamo-nos e nos deprimimos, buscando soluções mágicas para enfrentar a situação, como idolatrias, drogas e excessos de diversas ordens. O medo é o rei da idolatria. É ele quem nos faz acreditar que há algo ou alguém que poderá fazer por nós aquilo que negamos ter o poder de conseguir.

Para sair da escuridão causada pelo medo devemos encontrar um meio de visualizar a Luz, conectando-nos com a Energia Criadora, por meio do nosso Espírito. Assim, saberemos que nunca estamos sós, e não fomos derrotados, nem somos limitados, e que, com a ajuda Divina à nossa disposição, não há limites para o que podemos realizar e que somos, sim, merecedores de tudo aquilo que de bom o Universo tem o poder de criar.

A idealização é um sonho, tanto a positiva quanto a negativa. Para que o sonho de escassez e falta seja modificado é necessário assumir que o sonhamos, deixando de culpar os outros e também a nós pelo que está ocorrendo. Isso não está sendo feito a nós, fomos nós quem, apoiados pelo medo, fizemos. Ao admitir a nossa responsabilidade em ter sonhado o sonho que não gostamos, permitimos que a ajuda Divina o modifique para um sonho feliz, concretizando os nossos ideais, em que a abundância e novas realizações far-se-ão presentes, tendo como base o Amor e todos os sentimentos positivos que o acompanham.

O Amor é o causador de todas as realizações, estes são seus efeitos. Jamais devemos ficar focados nos efeitos, devemos, sim, voltar-nos para o nosso Ser, que é a conexão com quem cria os efeitos que idealizamos, procurando entender o que devemos aceitar e entregar para que Ele, por meio do Perdão, possa liberar a realização.

Raiva

A raiva é a manifestação da nossa frustração. Ela representa a impotência que estamos sentindo. E ela só se manifesta porque ficamos frustrados com a falta de força para resolver determinadas situações. Quando o nosso conselheiro para as buscas que estamos realizando é o ego, o qual se glorifica com um resultado satisfatório, deixando-nos soberbos e até prepotentes. A arrogância advinda desse falso poder dará lugar à raiva no momento em que o objetivo não é alcançado ou, se alcançado, não corresponder às nossas expectativas. Em geral, a raiva parece justificar o que premeditamos. Pensamos poder passar por cima de tudo e todos para atingir os nossos objetivos e, muitas vezes, utilizamo-nos dela. A falta de Paz advinda desse comportamento é somada à culpa.

A nós cabe aceitar a situação tal como se apresenta, deixando-a ser o que é. A aceitação desfará a raiva, pois esta manifesta-se para exigir que façamos algo mais, no entanto não é atendendo-a que obteremos sucesso. A raiva e todos os sentimentos negativos não são aquilo que somos verdadeiramente. São sentimentos que devemos desfazer, e isso é possível por meio da aceitação e entrega da situação que nos fez senti-los. Quando optamos pela aceitação, não significa que gostamos da situação, mas que optamos pela não resistência ao que é e, dessa forma, vamos enfraquecer o que de negativo se apresentou, desfazendo-o e abrindo espaço para a entrada do positivo que buscamos.

Culpa

Esse sentimento paralisa qualquer processo de crescimento e evolução. A culpa oprime, escraviza-nos, além de fazer o mesmo com as pessoas com quem convivemos. É difícil andar com ela, por isso, costumamos encontrar outras pessoas que a carreguem para nós. E teremos muita facilidade em encontrá-las, podem estar próximas, sendo o companheiro, a companheira, o empregador, ou algo mais distante, como os governantes e a situação econômica do país. Raramente, compreendemos que se trata de culpa – esse sentimento não costuma ser comentado claramente, sabemos senti-lo, mas não o compreendemos corretamente: sentimo-nos culpados em relação ao outro e passamos a culpá-lo, julgando-o, para aliviar essa sensação desagradável. O ego não suporta a culpa, por isso a transfere. O sentimento de culpa nos faz sentir impotentes, impedindo que obtenhamos resultados em nossas buscas por ideais.

Para nos libertar da culpa, o primeiro passo é aceitar que esse sentimento existe em nós, e que somos os responsáveis pelo que o provoca. A partir dessa aceitação, descobriremos o motivo pelo qual a criamos. Quando assumimos a sua criação, entendemos que não foi o outro que nos fez senti-la, mas nós mesmos. A partir disso, vamos, então, permitirmo-nos a desfazê-la.

É comum, também, acreditar que, ao nos sentir culpados, estamos nos preocupando com o outro. Na verdade, sentimo-nos impotentes e queremos o apoio que a culpa nos prontifica a oferecer ao outro. Oferecendo nossa ajuda, sentiremo-nos fortes, mas por pouco tempo. Portanto a culpa não nos auxilia, nem auxilia verdadeiramente ao outro, apenas nos faz andar em círculos, sem que alguém consiga evoluir. À medida que assumimos nossa responsabilidade em olhar para ela, entendemos que se trata de uma ilusão.

A culpa deve-se à ideia/ilusão de que somos somente um corpo, separado do outro, portanto sem nenhum poder de auxiliar sem ser por meio do corpo. Na verdade, o maior poder que possuímos vem do nosso Espírito e ele, quando perdoamos e entregamos nosso desejo sincero de que o outro seja ajudado, assim o fará. Desfazendo a culpa aos poucos removemos os focos criadores desse pesado fardo que costumamos carregar.

Falta de Perdão

Dificilmente identificamos a falta de Perdão – ela está diretamente ligada à culpa. Em geral, negamos a sua existência em nós, acreditando que, realmente, não temos nada a Perdoar, pois pensamos já ter perdoado as situações que nos magoaram. Muitas vezes, olhando em retrospectiva, sentimos a mágoa surgir, mas trocamos rapidamente de pensamento e, por meio dessa atitude, entendemos que estamos perdoando.

A idolatria, ou seja, a nuvem fantasiosa que colocamos diante dos ideais, motiva a falta de Perdão. Acreditamos que algo ou alguém tem o poder de nos fazer sofrer ou de nos fazer feliz. Isso é impossível, pois somente nós temos esse poder sobre nós mesmos. A ideia que faz com que não costumemos Perdoar é esta: "Somos responsáveis pelo que nos acontece, decidimos a meta que queremos alcançar, os sentimentos que queremos ter e todas as coisas que nos acontecem ou parecem acontecer, nós as pedimos e as recebemos conforme pedimos" (texto do livro *Um Curso em Milagres*).

Não perdoamos, em primeiro lugar, por desconhecer o processo de criação que vivenciamos (devemos estar preparados para conhecê-lo, pois é difícil de perdoar-nos quando compreendemos que criamos, também, tudo o que nos desagrada – e que estamos passando para outros essa responsabilidade que é só nossa). Ao não assumirmos a nossa responsabilidade, protegemos a manutenção do ego, assim como, quando a assumimos, começamos a desfazê-lo.

E, em segundo lugar, porque, ao idealizarmos algo que queremos obter, acreditamos que aquilo é tudo para nós e que a sua realização nos deixará completos. Mas sabemos que não é assim. De alguma forma, temos a compreensão do ser ilimitado que somos. Como, então, podemos acreditar que esses ideais que mentalizamos nos darão plenitude? Somos merecedores de tudo o que desejamos, mas não será a realização desses ideais que fará de nós seres completos. A Paz e a plenitude somente serão encontradas ao aceitar a verdadeira Origem da criação de tudo o que acreditamos merecer.

Tudo o que existe no Universo é criado por uma única Energia, à qual estamos conectados. É nela que devemos depositar nossa Fé e confiança para a realização de nossos ideais, não no dinheiro, nas organizações e nas pessoas. Estes elementos fazem parte do todo e serão instrumentos que permitem a realização dos nossos sonhos, como seremos para a realização de ideais de outras pessoas. Assim, deixamos de idolatrar quem serve de instrumento para as nossas realizações e, ao mesmo tempo, desistimos de querer ser ídolos das pessoas para quem servimos como instrumento.

O ato de Perdoar verdadeiramente significa aceitar que a criação é realizada pela Força Divina que há em nós, mas não é a força do ego, pois necessitamos nos entregar confiantes para que essa força possa nos ajudar a aceitar nosso merecimento.

A falta de Perdão fecha portas para as conquistas profissionais e afetivas e a mente para a evolução. Fecha tão bem a nossa mente que conseguimos, literalmente, negar a existência desse sentimento destrutivo dentro de nós.

Portanto a falta de aceitação de que somos os únicos responsáveis pela nossa felicidade é que a impede. Ao aceitar a responsabilidade em ser feliz, deixamos de culpar o outro pela nossa infelicidade, passando a criar por meio de atitudes amorosas e dignas, indo ao encontro da felicidade que desejamos, permitindo-nos também merecer a realização dos ideais que acalentamos.

CAPÍTULO 2
DESVENDANDO A FALTA DE PERDÃO

É a ausência do Perdão que nos impede de saber que somos merecedores de Paz, alegria, abundância material e Amor constantemente.

A falta de Perdão nos faz acreditar que podemos ter, no máximo, um pouco de tudo em poucos momentos. Se tivermos muito de algo em algum momento, então, deveremos ter menos em outros. Além de não aceitar que todos tenham a abundância que nós desejamos, pois, quando não perdoamos, acreditamos em escassez e falta. Portanto, sem o Perdão completo, a ideia de plenitude é inconcebível. Devemos compreender e aceitar que plenitude é possível sim, desde que aprendamos a Perdoar verdadeiramente.

Para isso é necessário aprender o que é o Perdão, como a sua falta se instalou em nós, como identificá-la e como perdoar a nós mesmos e aos outros verdadeiramente. Não é uma tarefa fácil, mas certamente valerá a pena por se tratar de uma base importantíssima para quem busca Paz, alegria, segurança, Amor e tudo o que decorre materialmente dessas conquistas.

O QUE CONHECEMOS SOBRE O PERDÃO

O Perdão que conhecemos é uma forma de descaso ou desculpa para com o outro, ou seja, desconsideramos o que o outro disse ou fez, deixando de ser relevante para nós.

Se perdoamos realmente, não sabemos. O certo é que nos sentimos aliviados e entendemos que é por ver o outro se sentindo melhor, além do fato da atitude altruísta do Perdão nos dar uma visão positiva sobre nós mesmos. Muitas vezes, o ego se enaltece com tamanha capacidade de compreensão em relação à pequenez do outro.

Embora a nossa boa vontade seja visível e louvável, essa forma de perdoar não resolve a verdadeira base que motivou a mágoa, e é essa base que vamos procurar entender e aceitar.

Quando algo não flui e dificuldades de toda ordem estão surgindo é porque a falta de Perdão se instalou em nós, mesmo perdoando como costumamos fazer. É assim porque, pela falta do Perdão verdadeiro, bloqueamos o Amor, deixando espaço para que a ansiedade, a culpa e o medo entrem em nós, e é por meio da lei do Amor que estamos nos propondo a realizar conquistas. Mesmo sem o Perdão podemos realizar conquistas, mas as sentiremos como puramente materiais, pois foram realizadas, apesar da falta de Perdão. E só vamos manter conosco essas conquistas enquanto a culpa não as desfizer.

Os motivos que nos levam a desfazer essas conquistas foram atraídos pela ausência do Amor enquanto as buscávamos. Com a ansiedade, a culpa e o medo em nós, não havia espaço para o Amor. Sentíamo-nos apegados às pessoas e bens que conquistamos ou queríamos conquistar e acreditávamos se tratar de Amor.

Procuramos ter controle sobre tudo e todos, além de pensar que o ego detinha poder para resolver os problemas que surgiam. Diante da impossibilidade de solucioná-los, acreditamos que só uma grande quantidade de dinheiro trará a solução. De fato, podemos nos sentir poderosos se dispusermos dos recursos financeiros, continuando a acreditar no "poder do ego" para resolver determinada situação e/ou obter o que desejamos.

Quando os recursos dão sinais de esgotarem-se novamente e as conquistas não se concretizarem, nossa sensação de impotência retorna e passamos a buscar fórmulas mágicas para voltar a ter força, obrigando-nos a bater em portas que não se abrem. Nossa motivação está centrada na necessidade de pagar dívidas, de manter ou retomar o padrão de vida ou, ainda, em obter determinada conquista.

A falta de Perdão pela situação em que nos encontramos é bastante clara: percebemos os outros afastarem-se de nós. Estamos sempre em busca de algo ou alguém para nos ajudar. Ficamos ansiosos, tensos e, muitas vezes, percebemo-nos sendo desagradáveis.

Obs.: a falta de Perdão é nossa, não dos outros, nós não nos perdoamos e a refletimos no outro, que devolve em atitudes aquilo que estamos sentindo por nós mesmos.

A falta de Perdão é constantemente suprida pelo aparente Perdão, que nada mais é do que a necessidade de obter algo de alguém ou de vivenciar o controle e apego.

COMO A FALTA DE PERDÃO SE INSTALOU EM NÓS

A explicação que o ego encontra, geralmente, está relacionada com a infância: quando alguém ou alguma situação fez com que nos sentíssemos profundamente afetados. Costuma-se chamar de situação traumática. Esse trauma poderá ser revivido com frequência e servirá de base para explicar as nossas dificuldades de superação de obstáculos. Com o passar dos anos, será substituído por outras situações traumáticas, até que, finalmente, deixamos de acreditar nelas e não encontramos mais saída para o nosso sentimento de inadequação e dificuldade de superação. A falta de Perdão e o sofrimento que acompanham essas situações instalaram-se em nós pela CULPA e não pelo que nos foi feito.

Para nos libertar da culpa e Perdoar verdadeiramente, devemos aprender mais sobre o que é a culpa e de onde provém. Para entendê-la vamos ter, também, de reaprender sobre o pecado.

A MANCHA DO PECADO ORIGINAL

De alguma forma, todos nós já ouvimos falar sobre a mancha do pecado original. É algo que acreditamos estar em nós desde o nascimento. Porque não sabemos, mas acreditamos ser CULPADOS por ela. E a carregamos pela nossa existência, sem saber como nos desfazer dela. Inúmeras são as formas que o ego conjectura essa possibilidade, e desculpar o outro é o que, aparentemente, dá um resultado mais efetivo.

Na verdade, o perdão aparente reduz o sentimento de culpa e, com isso, abrimos espaço para a aceitação do merecimento – mas isso apenas reduz o sentimento de culpa, não a desfaz.

DE ONDE SE ORIGINOU ESSA MANCHA DE PECADO, PELA QUAL NOS SENTIMOS CULPADOS?

O livro *Um Curso em Milagres* (Foundation Inner Peace, Editora Abalone, São Paulo/SP), coloca-nos o entendimento de que essa mancha se deve à nossa compreensão errônea de sermos separados uns dos outros e de Deus. Quem acredita nessa mancha somos nós, por acreditar que pecamos em separarmo-nos de Deus e de nossos irmãos, deixando de ser Espíritos para ser um corpo – limitado e só.

É essa ideia de separação que nos faz sentir culpados e impotentes. Com a crença em ser separados uns dos outros e do Criador, o ego tornou-se o nosso deus. Passamos a acreditar na força dele para realizar o que idealizamos. Pelo fato de sentirmo-nos sozinhos (e, de fato, ficamos sozinhos quando acreditamos nisso, pois somos os responsáveis pelo que criamos para nós, e, se nos sentimos sós, ficamos sós), desgastamo-nos, forçando situações e dificultando a caminhada para alcançar nossos ideais. Sabemos, mesmo que inconscientemente, que basta confiar na Força Superior existente em nós que ela se encarregará de chegar aonde nos propomos, mas negamos saber porque o ego tem medo da verdadeira Energia que somos, pois imagina que se voltarmos a acreditar nela, nosso corpo deixará de existir. Na verdade, o que deixará de existir é o valor excessivo que damos à matéria. Simplesmente, passaremos a aceitar que somos parte da Energia Maior, não estando mais limitados ao nosso estado físico. A força que irá advir dessa compreensão e aceitação mudará toda a nossa estrutura de pensamento e, como consequência, dará um novo e verdadeiro significado à nossa existência.

O ego reluta em aceitar essa verdade, porque, se assim é, todos somos realmente iguais. Somos constituídos da mesma energia, unidos uns aos outros e à Mente Criadora.

Por que, então, iríamos precisar da aproximação de determinadas pessoas? A quem iríamos impressionar com o poder que acreditamos possuir no momento em que realizamos nossas buscas por meio do contato verbal ou físico? Como vamos nos emocionar com as diferenças?

O ego não quer que isso faça sentido, pois, com essa compreensão, ele deixará de existir. O nosso corpo continuará servindo como mensageiro do Ser maravilhoso que somos, não mais para sofrer com limitações e faltas, e sim para usufruir com liberdade a abundância que a nossa mente, agora, não mais limitada pela crença na separação, permitirá que tenhamos.

Para desfazer a ilusão da mancha do pecado original precisamos deixar de acreditar em pecado. O livro *Um Curso em Milagres* esclarece, entre inúmeras outras orientações, que o pecado não existe nem nunca existiu. Tudo o que se criou foi uma ilusão, jamais nos separamos da Energia Maior, nem uns dos outros, continuamos sendo um só, portanto a mancha que o ego pensa ter criado nunca existiu.

O pecado, se existisse de fato, jamais poderia ser desfeito, mas ele não existe, é uma ilusão, a ilusão da separação.

Nota: a criação do corpo é o pecado que o ego pensa ter feito, mas a sua criação não nos faz ser separados, nossa mente continua unida ao verdadeiro Criador e a Suas criações, o ego e o corpo desfar-se-ão, mas nosso Espírito não. Entretanto não é necessário esperar deixar o corpo para desacreditar em pecado, basta que aceitemos ser Espíritos Divinos, antes de ser um corpo, passando a viver com base na união espiritual existente, e não mais na crença da separação.

O pecado passa a ser compreendido como um equívoco, que pode e deve ser desfeito, não pelo ego, e sim o entregando à Mente Divina para que examine e julgue por nós, facilitando a entrada da Paz por meio do seu desfazer.

A vontade do Criador é que tenhamos a felicidade perfeita, tendo-nos criado à Sua imagem e semelhança. Não há limites para o que podemos ter e ser, desde que O aceitemos verdadeiramente. Com essa aceitação, tudo o que, positivamente, pensamos ou mentalizamos nos será dado por acréscimo.

E A CULPA? COMO DESFAZÊ-LA?

Para desfazer a culpa é necessário aceitar a espiritualidade. Não uma espiritualidade dos que já morreram, mas o entendimento seguro de que somos, em primeiro lugar, Espíritos e, acreditando ser separados, habitamos um corpo. Esse corpo deixará de existir, mas o nosso Espírito não morrerá. Somos Espíritos, também, enquanto habitamos o corpo, estando conectados uns aos outros por meio da Energia Espiritual. E, estamos, também, conectados com a Energia Criadora, sempre, unidos uns aos outros. Nunca estamos separados, apenas esquecemo-nos de lembrar!

Devemos ter presente a união com todas as mentes. Esta união é positiva, pois advém do Amor, o sentimento criador. Ela existe sempre, mas optamos por acreditar na separação, pois não nos perdoamos para aceitá-la e, assim, permanecemos nos sentindo separados, permitindo a culpa e a impotência.

A culpa deve-se ao fato de acreditarmos que, em alguma época, nos tornamos seres apenas físicos e, a partir daí, poderíamos fazer algo que prejudicasse o outro ou que ele teria o poder de nos prejudicar. Espiritualmente, isso é impossível, nada prejudica o Espírito, que é quem somos verdadeiramente, somente o ego é que se sente prejudicado ou prejudicando.

Sentimos impotência por não nos dar conta do poder que possuímos ao nos utilizar de atitudes de caráter e dignas em nossos atos e em relação ao que de positivo queremos que nos aconteça. Quem opta por esquecer esse poder é o ego. Ele é totalmente contrário à aceitação da espiritualidade. Quando a aceita, acredita em Espíritos separados que poderiam também nos prejudicar, trazendo-nos o medo.

A crença do ego é que o corpo pode bloquear o nosso Espírito, ou seja, concentrá-lo dentro dele, e agimos como se assim fosse – acreditamos que podemos pensar de uma forma, falar de outra e que o que vale são as nossas palavras, e não o que de fato estamos pensando.

Acreditamos também que o nosso corpo físico pode nos separar uns dos outros e de Deus, passando, assim, a sentirmo-nos terrivelmente sós. Para deixar de sentir essa solidão, representamos papéis, com o objetivo de agradar os outros, contrariando o que pensamos verdadeiramente, fazendo com que a culpa causada pela ausência de autenticidade aumente cada vez mais, reduzindo, consideravelmente, o valor que damos a nós mesmos.

Devemos compreender que jamais poderemos prejudicar e ser prejudicados em relação ao Espírito. É possível o ego criar situações nas quais nos sentiremos prejudicados ou prejudicando. Mas tais situações são como o ego: ilusões que, perante a Energia Criadora, nada significam. Não somos merecedores de castigo por isso. Quem acredita na necessidade de punição é o próprio ego, por não aceitar o Perdão e, com isso, faz com que nos sintamos culpados, pedindo para ser punidos.

Essa punição fica sendo repetida eternamente e nos faz acreditar que, assim, estamos nos perdoando (redimindo dos pecados) e que, dessa forma, passaríamos a ser merecedores do "perdão de deus".

Esse é o perdão do ego. É o ego tentando perdoar o ego. E ilusão perdoando uma ilusão não nos fará sentir o merecimento.

Só o verdadeiro Perdão, quando entregamos ao nosso Ser a escolha sincera de Perdoar, passando a agir de acordo com a orientação vinda da Essência, é que permitirá o desfazer da ilusão do equívoco que cometemos, abrindo espaço para o Amor se fazer presente.

As criações vindas do Amor não carregam o peso da culpa, pelo simples fato de que a culpa é um sentimento do ego. Daí vem a compreensão de que tudo o que realizamos por meio do medo, da raiva, da culpa e da falta de Perdão não fará com que nos sintamos plenos. São formas de criação que não preenchem o vazio interior, pois este somente será preenchido com as criações que resultarem dos sentimentos de Amor. Esse sentimento nos fará praticar atos que irão contribuir significativamente para aumentar o valor que damos a nós mesmos. Essas atitudes possuem um senso de humanismo e justiça que nos deixam, em um primeiro momento, perplexos. Não precisamos nos esforçar para isso, pois o Amor que está junto delas fará com que fluam naturalmente.

Para nos libertar da culpa devemos aceitar que somos Espíritos em um corpo aparente e que seremos atendidos pelo Espírito se confiarmos e nos entregarmos a Ele. A Força, para que sejamos conduzidos, vem da Fé, na verdadeira e única Energia Criadora do Universo: Deus.

Devemos fazer uma escolha: ou buscamos realizar nossos objetivos por meio da Energia do Amor, escolhendo conscientemente o Seu apoio, ou vamos seguir por um caminho que causará apenas sentimentos de medo, culpa e falta de Perdão. Entretanto, quando surge a aceitação da espiritualidade por meio da Fé da Força Criadora, esses sentimentos ficarão em segundo plano, até serem totalmente desfeitos pelo Perdão completo.

Como identificar a falta de perdão?

Já referimos que, quando as oportunidades não surgem, as portas fecham-se e as dificuldades de toda ordem estão presentes, e isso ocorre porque não estamos Perdoando. Já se trata de uma falta de Perdão constante, com raiz profunda dentro de nós, tão profunda que nem os sentimentos do ego, como a ansiedade e o orgulho, conseguem suplantá-la. De alguma forma, a mancha do pecado original foi fortalecida durante a nossa caminhada terrena. Atitudes que contrariaram pesadamente a nossa consciência fizeram com que nos sentíssemos indignos de Perdão. Não nos perdoando, fomos buscar culpados fora de nós, com o objetivo de nos ajudar a carregar o pesado fardo da culpa.

Somos perfeitos filhos de Deus, seguros, curados e íntegros. Todos, sem exceção, somos merecedores de Amor, e isso significa que todos já fomos Perdoados.

A falta de Perdão é facilmente identificada pelo julgamento. Quando não perdoamos, costumamos julgar muito. Ficamos indignados, sentimos raiva e vemos injustiça em toda a parte. Acreditamos que os outros não são merecedores das conquistas que estão obtendo, ficamos observando onde podemos encontrar pontos desfavoráveis em suas atitudes e, é claro, encontramos.

Com a falta de Perdão, tornamo-nos altamente críticos – tanto em relação ao outro como em relação a nós mesmos. Nem sempre conseguimos identificar que é a nós mesmos que estamos julgando no outro, que estamos nos vendo como num espelho. Em geral, focalizamo-nos, principalmente, nos pontos desfavoráveis. Outras vezes, idolatramos o que, embora pareça ser positivo, é também uma forma negativa de julgar, pois, ao idolatrar, vemos uma perfeição que inexiste em relação ao ego. A atitude de julgar contribui, imensamente, para aumentar a nossa culpa e, como consequência, a falta de Perdão.

Só julgamos o outro porque acreditamos estar separados dele. Pensamos que ele é simplesmente um corpo que comete erros, talvez acertos, mas, se não falar conosco ou não nos ouvir, não saberá que o estamos julgando e o que pensamos sobre ele.

A energia que emanamos por meio dos nossos pensamentos negativos ou positivos, certamente, chegará até quem estamos julgando e sua atitude será de se afastar ou se aproximar de nós, não só fisicamente, mas também através do pensamento.

Dessa forma, é possível imaginar o que o julgamento e a falta de Perdão podem fazer com os nossos relacionamentos, tanto profissionais como afetivos, e também com o nosso relacionamento interior. Se, quando criticamos o outro, estamos nos criticando pelo ato de julgar, prejudicamo-nos imensamente sem nos dar conta, baixando a nossa autoestima ou nos enaltecendo exageradamente, passando a não nos sentir merecedores.

O julgamento, mesmo que realizado apenas em pensamento, tem o poder de destruir todas as relações que possuímos, além de impedir que façamos novos, agradáveis e positivos relacionamentos.

Aqui, fica claro porque a crença em ser separados uns dos outros é tão prejudicial a todos nós. Com ela, surge a fraqueza e a impotência.

Como a fraqueza e a impotência estão relacionadas com a falta de perdão

Quando nos sentimos fracos, também nos sentimos impotentes e essa impotência nada mais é do que a falta de certeza de que já estamos sendo ajudados e de que Alguém se importa verdadeiramente conosco. Viramos as costas para essa ajuda e vamos buscar idolatrias para nos ajudar ou distrair. Esses ídolos são ilusões. A verdade é que a força já está em nós. Ficamos rodando em busca dela, imaginando formas que possam nos auxiliar e esquecemos de lembrar quem somos. E o que nos faz esquecer de que somos também Energias Criadoras é a crença na separação.

Quando acreditamos ser separados uns dos outros e do Criador, não nos sentimos, de fato, responsáveis pelos acontecimentos da nossa existência. Sentimo-nos culpados, mas não responsáveis.

Acreditamos ser impotentes, tanto em relação ao que nos acontece de negativo quanto a ter poder para transformar o negativo em positivo – que é a realização dos nossos ideais.

Muitas vezes, procuramos por essa força e esquecemos de onde ela provém: ela nos é dada, mas não é nossa. Realizamos por meio dela, mas não somos ela. Quem é o perfeito filho de Deus é o nosso Espírito e não o ego, que nada mais é do que uma ilusão. A força que procuramos vem de aceitar o nosso Espírito e, por meio dele, conectar com a Energia Maior.

"Eu sou responsável pelo que vejo. Eu escolho os sentimentos que experimento e eu decido quanto à meta que quero alcançar. E todas as coisas que me parecem acontecer, eu as peço e as recebo conforme pedi" (*Um Curso em Milagres*, cap. 21, II, livro texto).

O entendimento de que somos os responsáveis por tudo o que nos parece acontecer é muito simples de confirmar. Só não confirmamos quando não queremos. E não queremos porque pensamos ser mais fácil atacar ou acusar algo ou alguém, fora de nós, pelo que nos parece acontecer de negativo.

O ego costuma enaltecer-se quando realiza algo de positivo, mas, dificilmente, aceita que é responsável pelos fatos considerados desagradáveis que nos chegam. E não o faz porque se sente fraco e impotente diante disso. A fraqueza e impotência que sentimos relacionam-se com a falta de Perdão, porque sentimos culpa por essa ilusão de separação.

O ego exalta a importância de realizar os objetivos que traçamos, diz que temos a força para realizá-los, mas não nos mostra onde está essa força. Ficamos tateando no escuro em busca dela. Tentamos forçar acontecimentos e situações para chegar ao resultado que almejamos. Muitas vezes, conseguimos, mas à custa de muito desgaste e sofrimento. Enaltecemo-nos com o feito para, em seguida, sentir o vazio interior ainda a ser preenchido, pois o Amor que buscávamos com a realização não veio. O senso de justiça que o nosso Espírito emanava não foi aceito e utilizado pelo ego no momento em que realizávamos a nossa busca.

Esse senso de justiça ainda está dentro de nós, encoberto pela culpa que sentimos por acreditar em algo que nunca aconteceu: a separação. O senso da justiça espera ser descoberto e utilizado, de forma equilibrada, mansa e segura, como só o Amor sabe se deixar usar.

Se efetuarmos nossas buscas de realizações por meio da Energia Divina, ela se utilizará dos fatos que consideramos desagradáveis para nos fazer evoluir, criando situações que oportunizarão o desfazer da culpa, por meio de atitudes sinceras e amorosas, que irão trazer para junto de nós o que desejamos, transformando a situação negativa em positiva, dando-nos, por fim, a plenitude que merecemos.

CAPÍTULO 3
COMO PERDOAR A NÓS MESMOS E AOS OUTROS VERDADEIRAMENTE

Passamos uma existência aprendendo como agradar a nós mesmos e aos outros. Somos educados no sentido de conviver em grupo, respeitar regras e atender exigências com elegância. Entendemos que para sermos merecedores, para vencer profissional e afetivamente devemos ter em mente todas as regras de conduta social e praticá-las. Procuramos pôr em prática esse aprendizado, mas damo-nos conta de que o resultado não é o que imaginávamos. Decepcionados, ficamos amargos e seguimos adiante, querendo driblar esse sentimento, voltando a praticar o que aprendemos para vencer e conquistar. Tentamos descobrir onde encontrar os meios para que os nossos propósitos se concretizem, como obter os recursos necessários, quem poderá nos auxiliar, além de questionar quando se tornará real a nossa busca. Exaurimos as nossas energias com essas preocupações e até obtemos algum resultado, mas não a certeza de que ele nos trouxe segurança, ou seja, o Amor que buscamos. E nesse processo, sentimo-nos cada vez mais distantes do nosso objetivo inicial: atrair para nós o que desejamos. Muitas vezes, desistimos, nem sabemos mais qual é o nosso ideal.

Para sair desse lugar escuro, teremos de aprender muito sobre o Perdão. Ele trará a Luz que nos permitirá enxergar o caminho. Por meio do ato de perdoar verdadeiramente descobriremos a Paz, a alegria e a realização plena dos sonhos que acalentamos.

1ª Lição: desaprendendo o que ensinamos a nós mesmos sobre aceitar e ser aceito pelos grupos social, familiar e profissional

O complexo ensinamento que tivemos ocultou quem realmente somos, a força que possuímos e do que somos capazes. Fomos ensinados a poupar o ego dos outros e o nosso. Vamos aprender a não alimentá-los com meias verdades ou inverdades, não mais as aceitaremos, nem as nossas, nem as dos outros. Mas não iremos agredir ou atacar. Ao ouvir acusações ou agressões, entenderemos que se tratam de sentimentos de quem os está expressando, que não podemos ser responsáveis pela raiva ou ataque de quem está nos acusando. É possível que tenhamos realmente nos equivocado e cometido o erro pelo qual estamos sendo acusados, mas não devemos nos sentir culpados pelo sentimento negativo expressado. Igualmente, pessoa alguma é responsável pela nossa frustração ou raiva em qualquer situação, poderá, sim, ser responsável pelo ato, mas não pelo sentimento que despertou em nós.

A reação em forma acusatória ou agressiva demonstra uma dificuldade em lidar com os próprios sentimentos, ou seja, a falta de compreensão dos mesmos. Cabe a nós, de maneira gentil e verdadeira, perdoar essa dificuldade, aceitando, também, os equívocos que cometemos, tomando a firme resolução de não mais repeti-los.

Mesmo que nos sintamos pressionados por determinadas situações, ao invés de acusar ou atacar, com o objetivo de nos defender da pressão, devemos confiar na Energia Maior, entregando a situação ao Divino Espírito, para que nos ajude a encontrar uma forma de resolver a situação. Com certeza, ele conduzirá os acontecimentos, fazendo emergir da situação em que nos encontramos a solução que deixará completamente resolvida a dificuldade criada.

Enquanto ficarmos inseguros sobre como deveremos agir e o que realmente devemos fazer, nada nos será dado. Reclamamos, choramos e nos deprimimos, mas se não ouvirmos o que o nosso interior quer – isso é feito por meio da entrega das dificuldades e conflitos ao nosso Guia e elo com o Criador, que está a nossa disposição – ficaremos como folhas ao vento: ora sendo levadas para um lado, ora para outro, esperando que alguém descubra e realize por nós aquilo que somente nós poderemos descobrir e realizar.

É certo que, se estamos desaprendendo aquilo que ensinamos a nós mesmos sobre agradar e ser agradados, devemos substituir o antigo aprendizado por uma lição nova. Essa é a nossa segunda lição.

2ª Lição: APRENDENDO EM FAVOR DA VERDADE

Se tivermos dúvidas, se não soubermos o que realmente queremos, não podemos sequer pensar em agir em favor da Verdade. Podemos ter uma ideia, mas vaga e frágil. Na insegurança, costumamos reforçar, por meio do ego, as ideias que queremos pôr em prática, de imediato, e deixamos escondidas aquelas que realmente nos trariam felicidade.

Para trazer à tona o que de fato queremos precisamos aquietar a nossa mente com o uso da meditação, da prece e de leituras que falem de Deus, de Amor e de maneiras positivas de olhar à nossa existência. Devemos tirar do pensamento os prazos para a realização dos objetivos traçados e entregá-los à Energia Criadora, para que Ela se encarregue de nos orientar e encaminhar no momento em que estivermos prontos para realizá-los ou recebê-los e não no momento em que nós decidimos.

Essa entrega será realizada com Fé e confiança. Vamos esvaziar nossa mente das urgências, abrindo espaço para renovar e visualizar novas formas de sentirmo-nos realizados. Faremos isso voltados ao nosso interior, e essa atenção terá força e sentido se for fortalecida pela prece, que é um diálogo contínuo e sincero com o Criador.

Aos poucos, perceberemos que estamos nos tornando cúmplices de nós mesmos e descobrindo um Ser maravilhoso dentro de nós. Perceberemos isso interagindo com nós mesmos por meio da oração e do contato com Deus. Não mais um deus fora de nós, distante, que julga o nosso merecimento, e sim uma Energia Divina que já está em nós.

A Verdade que passaremos a viver nada mais é do que a realidade que já somos: perfeitos filhos de Deus, seguros, curados e íntegros. É a partir dessa Verdade que passaremos a agir e a ser.

A autenticidade fará parte de tudo o que praticarmos. Não mais teremos medo de magoar e ser magoados. Nosso objetivo está acima desses sentimentos. Queremos evoluir e, só sendo amorosamente verdadeiros, conseguiremos atingir esse objetivo.

Dessa forma, permitiremos a evolução dos outros também, mas não será esse o objetivo maior. Estamos verdadeiramente sendo responsáveis por nós mesmos e isso já é o bastante para uma significativa mudança que nos trará muita Paz e realização.

3ª Lição: aprendendo a ser gratos

Enquanto vivemos sob o domínio do ego, dependemos de fatos externos para nos sentir completos e alegres. Somos impelidos a conquistá-los e sofremos muito se não os obtivermos de imediato. A busca desenfreada para atender essas exigências nos trazem muita insatisfação e irritação.

Quando passamos a ser autênticos por meio da Verdade Maior, descobrimos que não precisamos de algo ou alguém para nos sentir plenos. Conseguiremos dar tempo para que as conquistas se concretizem, sem nos estressar tanto.

Isso acontecerá porque vamos aprender a ser gratos pelo que já possuímos. Sentiremo-nos plenos com o que já está acontecendo conosco, com o que já conquistamos, com a saúde que temos, com o carinho que descobrimos ter por nós mesmos, com o espaço que vivemos e até com a solidão.

Vamos nos agradar com o que já somos e, assim, descobriremos que não estamos sozinhos, que alguém está sempre junto a nós, comunicando-se constantemente conosco. Esse Ser é a nossa Alma querida e amorosa companheira de jornada, sempre esquecida pelos anseios externos. Quando aquietamos a mente, ela expressa-se e nos mostra uma realidade fantástica que está obscurecida pela busca de fatores externos, que oferecem apenas alegrias momentâneas.

A gratidão é um sentimento que nutre e eleva a Alma. Quanto mais desejamos ser gratos, mais motivos para isso se tornarão presentes. Eles multiplicar-se-ão à medida que os visualizarmos e, com alegria, agradecermos. E é por meio desse ato de verdadeira simplicidade que traremos para junto de nós tudo, absolutamente tudo o que desejamos.

Será assim porque junto com a gratidão está a Energia do Amor. Ela é a responsável por todas as criações que nos trazem a felicidade permanente. Nessas criações estão, também, as que o ego projetava, mas nos faziam sofrer antes de conquistá-las, acenando com a punição para, então, sentirmo-nos merecedores.

Como já sabemos que não somos culpados, nunca pecamos e, portanto, já somos merecedores da Paz e da abundância que almejamos, provamos isso com um ato de gratidão contínuo, inclusive para com as realizações que estão por acontecer.

Ser grato ao Criador, antecipadamente, é uma linda maneira de tornar real o que desejamos.

Novamente descobriremos a alegria de criar por meio da Energia do Amor. Utilizando-nos dessa energia saberemos que o que conquistamos é realmente nosso e que ninguém irá perder para que nós possamos ter. Isso porque "o que é de Deus, pertence a todos e é devido a todos" (*Um Curso em Milagres*, Cap. 25, IX, Livro texto).

4ª Lição: praticando o não julgamento

O ato de julgar é automático enquanto vivermos sob o domínio do ego. Se as situações apresentam-se em desacordo com o nosso objetivo ou necessidade, ficamos desapontados e irritados. Logo, nos vemos julgando a situação, seja por meio de pensamentos ou comentários. Questionamos o que está acontecendo, onde erramos ou, ainda, por que estamos sendo obrigados a vivenciar determinadas situações. Nossa resposta a isso será de acordo com o que julgamos.

Devemos aprender a aceitar os fatos sem julgar, deixando-os como se apresentam no momento. Se os julgamos, devemos saber como responder a eles, e essa resposta poderá atrair aquilo que sentimos negativamente e não o que desejamos verdadeiramente, ou seja, algo novo, com base no nosso desejo interior ainda não compreendido, está sendo preparado para nós. O fato de a situação apresentar-se dessa ou daquela forma não quer dizer que é ruim e, certamente não é, mas só conseguiremos saber se não atacarmos, por meio do julgamento, o que está sendo apresentado.

Devemos pedir, à Divindade que habita em nós, que nos auxilie em compreender o que é necessário aprender com a situação que estamos vivenciando, e que ela nos oriente sobre o que fazer e como superá-la para que possamos chegar ao objetivo mais rapidamente.

Se não julgarmos, liberamos a nossa mente dos sentimentos contrários, como a dúvida e o medo. Sem eles, a verdadeira situação, aquela que nos trará mais alegria e plenitude, chegará até nós. Muitas vezes, não conseguiremos visualizá-la, mas, ao deixarmos espaço livre em nossa mente, pelo não julgamento, sentiremos a sua aproximação e, sem que o ego interfira, ela concretizar-se-á.

5ª Lição: descobrindo
a alegria de ser generoso

A generosidade e a abundância estão de mãos dadas, mas devemos ficar atentos para saber de onde provém a nossa generosidade. Se estiver voltada a encobrir sentimentos de culpa, apenas atrairá para junto de nós pessoas dependentes e que continuarão dessa forma, sem que haja evolução, tanto para elas como para nós.

A verdadeira generosidade é aquela que descobrimos ter conosco. Aprendemos que tudo o que queremos é sentir que somos, sinceramente, amados e respeitados. Deixando de ser dependentes, passamos a confiar tanto em nós como nos outros. E é essa confiança que passamos adiante. Sabemos que, por meio da Energia do Amor, há abundância de tudo no Universo e, quando somos generosos com o outro, não é por considerá-lo menos favorecido ou mais fraco, é porque o consideramos igual, nem mais nem menos do que nós. Tão igual que não merece ter menos do que possuímos ou acreditamos merecer. Mas não faremos por ele: vamos nos importar, verdadeiramente, e auxiliá-lo a encontrar o caminho sendo amorosamente sinceros.

É certo que só poderemos auxiliá-lo se ele também desejar ser ajudado, mas dificilmente deixamos de ter sucesso quando colocamos Amor nas nossas atitudes.

Quando praticamos a generosidade verdadeira, não julgamos. Oferecemos a nossa ajuda e não esperamos ganho, nem agradecimento. Fizemos o que acreditamos que deveríamos fazer naquele momento. Simplesmente isso. E seguimos adiante, praticando novos atos de generosidade, esquecendo totalmente os já praticados.

Dessa mesma maneira, a vida nos tratará: teremos abundância e não nos sentiremos cobrados ou culpados por isso.

6ª Lição: tirando o poder das idolatrias sobre nós

Passamos a existência enumerando situações que, se conquistadas, dar-nos-iam plenitude. Nisso costumamos concentrar a nossa busca por um ideal. Não nos damos conta de quão prejudicial está sendo essa atitude, de quanta energia dispersamos com essa idealização. Ao contrário, acreditamos que valerá a pena todo o desgaste e sofrimento que essa busca demandará. É certo que vivenciamos determinadas conquistas e nenhuma nos ofereceu a plenitude que acreditávamos que nos daria, embora com momentos de alegria, além de enaltecer-nos pelo objetivo realizado.

Idolatria é a nuvem da culpa que colocamos diante da situação ou objeto de desejo. Como sentimos culpa, não acreditamos ser merecedores, e esse sentimento de querer, não poder ou não ter direito, é que nos faz olhar para o ideal de forma fantasiosa, dando-lhe um significado alterado, acreditando que tal ideal tenha poder sobre nós. Assim, poderemos desejar que o ideal se concretize de imediato, deixando-nos ansiosos e inseguros quanto à sua realização, sofrendo antecipadamente. Quando o ideal se concretiza, não ficaremos satisfeitos. Encontramos defeitos ou, ainda, podemos acreditar ser perfeito demais, não ficando realizados, olhando para ele como se estivesse acima do que acreditamos merecer.

Muitas vezes, não percebemos o real motivo de nossa insatisfação e nos voltamos para outras situações a fim de descarregar a culpa, sentindo-nos confusos e deixando o ambiente confuso também.

Quando tiramos o poder da idolatria sobre nós, não deixamos de desejar que determinadas realizações se concretizem, apenas tiramos delas o poder de nos fazer infelizes.

"Qualquer coisa neste mundo que acredites que seja boa, de valor e digna de lutar por ela, pode te ferir e o fará. Não por que tenha o poder de te ferir, mas apenas porque negaste que ela não passa de uma ilusão e fizeste com que fosse real" (*Um Curso em Milagres*, cap. 26, VI, Livro texto).

Aqui, fica clara a importância de entregar à Mente Divina a concretização do ideal. Quando impomos a realização de algo é porque já decidimos o que terá poder sobre nós, assegurando-nos de uma plenitude que certamente não acontecerá.

O entendimento de que não somos e nunca fomos responsáveis por algo que não aconteceu – a errônea ideia de que somos separados uns dos outros e do Criador – permitirá desfazer a culpa que estamos colocando entre nós e aquilo que almejamos.

Dessa forma, abriremos mão de sentirmo-nos especiais, diferentes, inferiores ou superiores a algo ou alguém. Diante da verdadeira igualdade, uma nuvem de culpa desaparece. Assim, passamos a desejar verdadeiramente que todos tenham direito àquilo que desejamos, deixando totalmente de lado o egoísmo que costumamos sentir ao desejar algo só para nós.

Vamos querer que todos possam sentir a plenitude que sentimos ao usufruir do mesmo ideal, de um ideal igual ou diferente do nosso. A Paz advinda dessa nova maneira de olhar para o contexto ao qual estamos inseridos desfará o medo que o senso de diferenças nos fazia sentir, abrindo espaço em nossa mente para a concretização do ideal.

7ª Lição: vencendo o medo da morte e celebrando com alegria a vida

Quando aprendemos amar a vida, deixamos de temer a morte. É assim porque passamos a olhar para a morte dando-lhe pouco ou nenhum significado. Sabemos ser uma extensão da Energia Divina, Espíritos em primeiro lugar. Assim sendo, o nosso estado natural é ser sem um corpo. O corpo é uma ilusão que deixará de existir, nosso Espírito não. Estamos vivendo essa experiência em um corpo para elevar o nosso Espírito, nada mais.

Todo o nosso sofrimento advém do entendimento de que somos somente um corpo. É para atender às suas inúmeras exigências que nos desgastamos e, ainda, por meio dele, estamos sempre em busca de algo para satisfazê-lo.

Olhamos para a morte como o fim de tudo. Esse final escuro nos amedronta muitíssimo. Enquanto enxergarmos a morte assim, deixamos de viver realmente a vida, focalizando na morte, sentindo-nos sempre inseguros e com medo.

Podemos considerar morte todas as situações negativas que encontramos: perda ou dificuldades na atividade profissional, obstáculos no curso de uma realização, rompimentos de relações de qualquer ordem, isto é, situações onde o ego não nos mostra solução ou traz junto delas raiva e mágoa que nos afastariam ainda mais da solução com base no Amor.

O desfazer da culpa que acontece por meio do Perdão completo, e isso significa aceitar que somos verdadeiramente unidos a Deus e aos irmãos, faz-nos viver essa existência em plenitude, pois é a falta de Perdão que nos faz temer a morte. Na verdade, o que acreditamos ser medo da morte nada mais é do que atração por ela. É essa atração que faz a vida parecer feia e cruel, sempre pronta a nos tirar algo, culminando com a nossa própria vida.

Quando perdoamos verdadeiramente, estamos celebrando a vida. Em cada ato de Perdoar, estamos deixando morrer um sentimento que está nos prejudicando, permitindo-nos a oportunidade de viver outro que nos trará mais alegria, na mesma ou em outra situação.

O ato de Perdoar – entregando as situações para a Mente Divina – renova a vida em nós, permitindo que as realizações que desejamos se concretizem. Isso é vida, vida eterna, nada termina, somente se renova.

A alegria que sentimos é verdadeira e constante quando aprendemos a Perdoar completamente. Sentimos em nosso interior uma certeza inquestionável de sermos apoiados e conduzidos em nossas atitudes. Essa condução é realizada por meio do Espírito Santo, nosso Guia, enviado pelo Criador para fazer renascer dentro de nós o poder do Filho de Deus. Esse poder, que está além da nossa compreensão, permitirá a realização dos sonhos que acalentamos.

Para tanto, devemos confiar verdadeiramente, jamais questionando como e onde esse poder irá buscar o que precisamos, pois ele nos direcionará para encontrá-lo onde será dado também condições de exercitar o não julgamento e o Perdão, permitindo, assim, a nossa evolução espiritual.

Perdoar de verdade é dirigir a nossa confiança exclusivamente à Fonte Criadora de tudo o que há no Universo. Quando nos dirigimos ao Criador, por meio do nosso Guia, o Divino Espírito Santo, entregando-Lhe a chave do Perdão que está em nosso poder para que Ele abra as portas de tudo que precisa ser perdoado, incluindo, os ideais que acalentamos, estaremos permitindo o verdadeiro Perdão – o Perdão que nos liberta dos limites que costumamos impor a nós mesmos.

Quando indicamos de onde desejamos que provenha a nossa realização, é porque aí se encontra um foco de falta de Perdão, e não será desistindo ou trocando de foco que iremos ter Paz. Para que o ideal se realize, devemos liberar a nossa mente por meio do ato de Perdoar, tendo uma atitude de verdadeira humildade ao nos questionar, aceitar e entregar o real motivo pelo qual estamos direcionando o nosso interesse, permitindo, assim, a nossa conexão com a Fonte da criação. Ela se encarregará de fazer os ajustes necessários para que os nossos sonhos sejam realizados, trazendo, junto com a sua materialização, a Paz necessária para usufruí-lo com a alegria que a certeza do merecimento nos dá.

Assim, vamos celebrar a nossa existência, escolhendo o Milagre da realização por meio do Amor Divino, com a certeza de que ela não está limitada ao momento presente, sentindo-nos seguros, completos e em Paz.

CAPÍTULO 4
O DESFAZER DA CULPA, PERDÃO, MERECIMENTO E ACEITAÇÃO

O entendimento de que não somos separados uns dos outros e do Criador desfará a ilusão da culpa que carregamos conosco. E, ao desfazê-la, ficamos motivados a aproximarmo-nos da Fonte Divina, não mais por medo ou por sentirmo-nos obrigados, e sim porque sentimos alegria em estar junto dela. Dessa forma, vamos, aos poucos, perceber, também, que Perdoar é um ato de NOBREZA e não de fraqueza – como muitas vezes costumamos pensar. Percebemo-nos Perdoando com sincera humildade, entendendo que somos um só, que se negamos a Paz a alguém é porque estamos negando essa Paz a nós, não há como ser diferente. Sem o Perdão, podemos reter algo para nós, mas não conseguiremos usufruir plenamente. Ao Perdoar, verdadeiramente, permitimo-nos a ser merecedores de tudo o que a generosidade e o Amor reservam para nós.

Há abundância à nossa disposição. O que nos impede de usufruir dela é a falta de Perdão. Muitas vezes, recebemos boa parte do que desejamos, porém a dificuldade em nos sentir sem culpa não permite a sua permanência conosco. Podemos ganhar muito dinheiro, mas gastamos sem perceber ou, ao tentar retê-lo, de alguma forma, ele esvai-se. Encontramos pessoas sinceras para nos relacionar e, não valorizando a atenção que estamos recebendo, as afastamos. Isso acontece porque desconhecemos o elo que nos liga uns aos outros e à Fonte criadora. Esse elo invisível é o Divino Espírito. Depositamos a nossa Fé em tudo o que é puramente material e visível e não no poder criador da matéria. Mas é esse poder que permitirá os ajustes necessários para que os nossos ideais se concretizem.

O merecimento dá-se quando nos Perdoamos verdadeiramente, aceitando o filho de Deus que somos. Essa aceitação acontece no momento em que aceitarmos também a paternidade. Significa entender e aceitar que somos uma família em Deus, onde o Pai é a Fonte da criação; e nós, seus filhos, responsáveis pela união voltada a esse Poder. Sem aceitar a união, a criação que desejamos se dará de forma dividida e limitada, dando-nos sempre a sensação de escassez e falta.

A aceitação do merecimento é a confiança e a Fé no Criador traduzida em atos de generosidade e Amor para com todas as criaturas. Quando depositamos uma Fé inquestionável no poder criador, iremos depositar essa mesma Fé em todas as pessoas, confiando na energia que nos une e não em suas palavras e atitudes.

Exercícios - a condução

Ao aceitarmos a condução Divina para a realização do nosso propósito, devemos rever a nossa maneira de olhar para os acontecimentos. Encontramos, no livro *Um Curso em Milagres,* exercícios, e pensamentos que, ao serem praticados conforme orientação, realizam positivas mudanças na forma de visualizar os acontecimentos.

Relacionamos sete desses exercícios, não totalmente na sua forma original, com o objetivo de auxiliar na mudança de percepção necessária para desfazer os sentimentos de raiva, medo e falta de

Perdão, para, dessa maneira, abrir espaço em nossa mente para a Paz, permitindo colocar, aí, os ideais que projetamos.

1º Exercício: aceitar que inventamos o mundo que vemos

Costumamos olhar para o que vemos no nosso dia a dia e considerar tudo real, concreto. Dessa forma, não vamos conseguir modificá-lo. Se queremos mudar o que estamos vivenciando, devemos aceitar que os nossos pensamentos sobre o que está acontecendo não são reais. Tudo o que vivemos materialmente são ilusões, ou seja, criações mentais. Para mudá-las, devemos entender que podemos desistir delas e, para isso, nada melhor do que a compreensão de que inventamos tudo o que vemos e sentimos. Assim, abrimos espaço para outras criações que nos trarão mais alegria e realização. Podemos citar, mentalmente, a seguinte frase várias vezes ao dia:

"Eu inventei essa situação tal como a vejo"
(*Um Curso em Milagres*, lição 32).

2º Exercício: aceitar que existe outro modo de olhar para o que está acontecendo

Devemos reconhecer que podemos mudar a nossa percepção, tanto em relação ao que vemos como ao que sentimos. Diante de qualquer aflição, devemos parar e dizer a nós mesmos, com confiança, que queremos outro modo de sentir o que está sendo apresentado a nós. Esse desejo tira a tensão que estamos sentindo, abrindo espaço para a mudança de percepção. Não importa que ainda não saibamos como olhar para a situação, o importante é que nossa mente aceite mudá-la. Reserve um minuto para ficar em quietude, se possível, de olhos fechados, repetindo este pensamento várias vezes:

"Existe um outro modo de olhar para isso"
(*Um Curso Em Milagres*, lição 33).

3º Exercício: aceitar que podemos ver Paz em vez do que estamos vendo

Estamos querendo realizar nossos propósitos por meio do Amor e devemos buscar condições em nossos pensamentos para que Ele possa agir em nós. Para isso vamos procurar a Paz. A Paz se inicia no nosso modo de pensar: devemos examinar a nossa mente em busca de situações que provoquem ansiedade, situações em que nos sentimos ofendidos ou qualquer situação em que percebemos não sentir Amor. Observá-las com os olhos fechados, devagar, repetindo, para cada uma delas:

(situação)... "Eu poderia ver Paz em vez disso".

O mesmo devemos fazer em relação aos acontecimentos do dia. Se percebemos a Paz ameaçada, repetir:

"Eu poderia ver Paz nessa situação em vez do que vejo agora".

Se ainda nos sentirmos deprimidos, ansiosos ou preocupados, devemos reservar alguns minutos repetindo a ideia inicial até sentir alguma sensação de alívio, podendo dizer mais especificamente:

"Eu posso substituir meus pensamentos de depressão, ansiedade ou preocupação (ou meus pensamentos sobre essa situação, pessoa ou evento) pela Paz" (*Um Curso Em Milagres*, lição 34).

4º Exercício: aceitar que nossa mente é parte da mente do Criador

Se estamos aceitando ser cocriadores do Universo, devemos compreender que a nossa mente é parte da mente de Deus. É difícil aceitarmos essa verdade. No entanto é por não lhe aceitar que vivemos da maneira que estamos vivendo. Acreditamos ser parte do lugar onde pensamos estar. Por isso, mantemo-nos nele, para proteger a imagem que fizemos de nós mesmos.

Vamos investigar nossa mente, buscando os atributos baseados no ego que conferimos a nós mesmos, tanto positivos como negativos, desejáveis ou não. Todos são ilusões porque não olhamos para eles por meio da ótica Divina.

Podemos, sem selecionar nenhum em especial, relacionar, não de forma abstrata, mas à medida que pudermos visualizá-los em situações que sejam parte do nosso cotidiano. Por exemplo:

"Eu me vejo submisso. Eu me vejo deprimido. Eu me vejo fracassado. Eu me vejo ameaçado. Eu me vejo impotente. Eu me vejo vitorioso. Eu me vejo perdedor. Eu me vejo caridoso. Eu me vejo virtuoso".

Nada deve ser omitido, mas também não deve ser forçado. Identifiquemos o termo que seja aplicável às nossas reações a determinadas situações e, depois de tê-lo citado, acrescentemos:

"Mas minha mente é parte da mente de Deus. Eu sou parte da santidade" (*Um Curso Em Milagres*, lição 35).

5º Exercício: aceitar que Deus vai conosco aonde quer que vamos

Ao pensar que somos separados do Criador, sentimos uma profunda sensação de abandono e solidão. A depressão também é consequência dessa ideia de separação, assim como a preocupação, a impotência, a miséria, o sofrimento e o medo intenso de perda. Inventamos tratamento para esses males, mas não conseguimos curar os seus efeitos. Como vamos curar algo que não é real? Devemos mudar a nossa mente que pensou ser real essa separação.

Nada pode destruir a nossa Paz porque Deus vai conosco aonde quer que vamos. É muito fácil alcançá-la, o caminho abrir-se-á se acreditarmos que isso é possível.

Pense nessa ideia várias vezes ao dia, repetindo-a bem lentamente, de preferência com os olhos fechados. Pense no que está dizendo e no que as palavras significam. Esse exercício não falha e é possível sentir a melhora logo ao iniciar a prática.

"Nada pode destruir minha Paz porque Deus vai comigo aonde quer que eu vá" (*Um Curso Em Milagres*, lição 41).

6º Exercício: aceitar que Deus é o Amor no qual perdoamos

Devemos compreender que é por meio do Amor Divino que o Perdão se realiza. Quando perdoamos, nos liberamos das ilusões, assim como quando negamos o Perdão, estamos nos prendendo a elas. O Amor é a base do Perdão. O Perdão desfaz o que o medo produziu, deixando entrar em nossa mente a consciência Divina.

Fechemos os nossos olhos e examinamos, por um ou dois minutos, a nossa mente à procura daqueles que não temos perdoado. Mesmo que acreditemos já ter perdoado, vamos rever se existe alguma mágoa ou se aceitamos voltar a conviver, caso o outro aceite. Se não aceitamos, é porque não perdoamos verdadeiramente. Vamos mencionar cada um pelo nome, dizendo:

"Deus é o Amor no qual eu te perdoo... (nome)".

O propósito deste exercício é colocar-nos na posição de perdoar a nós mesmos. Depois de ter feito o exercício com o nome de todos aqueles que lembramos, devemos dizer a nós mesmos:

"Deus é o Amor no qual eu perdoo a mim mesmo".
"Deus é o Amor no qual eu sou abençoado"
(*Um Curso Em Milagres*, lição 46).

7º Exercício: aceitar que Deus é a força na qual confiamos

Se confiamos na nossa própria força, temos toda a razão para estarmos apreensivos, ansiosos e com medo. Como podemos acreditar que temos a capacidade de estar cientes das inúmeras faces de um determinado problema e de resolvê-lo de forma que só o bem poderá advir?

Acreditar que temos esse poder é colocar nossa confiança onde não está autorizada e, dessa forma, justificar o medo, a ansiedade, a depressão, a raiva e o pesar. Quando depositamos a nossa Fé em nós, estamos depositando no nosso lado enfraquecido e, como consequência, em breve, voltaremos a sentirmo-nos fracos. Mas, ao depositar a nossa Fé na Força Divina, saberemos o que é sentir-se forte verdadeiramente.

Devemos buscar alcançar o que está além da nossa fraqueza e chegar à fonte da Força Real. Fechemos os nossos olhos, passemos um ou dois minutos em busca de situações em nossa vida, nas quais sentimos medo, descartando cada uma delas, dizendo:

"Deus é a força na qual eu confio"
(*Um Curso Em Milagres*, lição 47).

Sempre que não acreditamos conseguir lidar com determinadas situações com sucesso, é porque estamos nos sentindo inadequados. E não é acreditando em nós mesmos que passaremos a ter confiança. Mas a Força de Deus em nós tem sucesso em tudo.

Reconhecer a nossa fragilidade é um passo necessário na correção dos equívocos, mas não nos dá a confiança que necessitamos e temos direito. Devemos, também, ganhar consciência de que a nossa confiança na Força Real é inteiramente justificada, em todos os aspectos e em todas as circunstâncias.

No final desse exercício, devemos tentar alcançar um lugar embaixo da nossa mente, onde há uma real segurança. Vamos reconhecer se o alcançamos aos sentirmos uma profunda Paz, por mais breve que seja.

Há um lugar em nós onde a Paz é perfeita e nada é impossível. Há um lugar em nós onde a Força de Deus habita.

Confiar verdadeira e repetidamente na Força de Deus abre um espaço fabuloso em nossa mente. E esse espaço de Paz será habitado pelas realizações que desejamos, estando libertos da culpa, do medo e da falta de Perdão, deixando-nos livres e seguros para usufruí-las com plenitude e Amor.

O Perdão completo é retornar à nossa mente original, de onde viemos e para onde queremos ir.

Estamos vivendo essa existência basicamente para aprender a Perdoar e, quando aprendermos verdadeiramente a Perdoar todos, sem exceção, viveremos novamente no Céu, aqui nesta existência.

A chegada à porta do Céu dar-se-á através dos passos que realizamos em cada ato de Perdoar, em cada esforço para superar o ego e permitir que a Essência conduza os nossos pensamentos e atos, trazendo-nos a Paz que as atitudes de caráter e dignidade, fundamentadas na ótica Divina, permitirão que venhamos a ter. Os objetivos traçados serão plenamente atingidos pela força que já está em nós e espera ser descoberta e aceita.

É muito pouco o que nos é pedido para que venhamos a ser tudo o que almejamos: basta ter Fé no Criador, passando a acreditar no Amor que somos verdadeiramente e, por meio desse entendimento, utilizarmo-nos do recurso maravilhoso que está à nossa disposição, que é o Divino Espírito Santo, nosso Guia. Ele é o mediador entre o ego e a Essência. Por meio Dele, tudo o que dificulta a nossa caminhada é utilizado e transformado, desfazendo os equívocos que pensávamos ser pecados, permitindo, assim, a concretização dos sonhos que acalentamos.

É tão simples o plano do Criador para nos permitir ter e ser tudo o que almejamos, que parece impossível haver uma barreira tão difícil de transpor, que é o nosso ego atuante. Basta permitir a superação dos limites do ego, que é a grossa parede que colocamos entre nós e aquilo que desejamos, entregando as nossas necessidades à Mente criadora, pedindo ao nosso Guia que examine e julgue o nosso pedido. Pois, assim, não veremos a nossa necessidade com culpa e outros sentimentos destruidores, e Ele utilizará a nossa solicitação como facilitadora da vinda da Paz.

Com essa forma especial de pedir o que desejamos, as injustiças serão desfeitas, ninguém irá perder para que nós possamos ter, e o nosso desejo, que é o Milagre, concretizar-se-á de forma tranquila e segura.

Quando buscamos por meio da divindade que habita em nós, teremos o poder de efetuar a realização de todos os nossos desejos. Não iremos julgar, em hipótese alguma, o nosso direito em obter o que desejamos. Vamos pedir que ao Divino o faça por nós e, seguros de sermos atendidos, ficar atentos ao momento presente, sentindo o que ele realmente é: uma dádiva, um presente para ser vivido em plenitude.

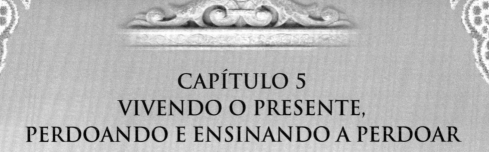

CAPÍTULO 5
VIVENDO O PRESENTE, PERDOANDO E ENSINANDO A PERDOAR

Perdoar e ensinar a perdoar são as tarefas mais difíceis e também as mais gratificantes. Por meio delas, realizamos os nossos desejos e permitimos que os outros realizem os seus.

Sempre que queremos muito algo, sabemos, agora, que se trata de uma mágoa. Essa mágoa deve ser desfeita para que o desejo se realize. Se o desejo se realiza, sem desfazê-la, passará a ser um produto do ego e não nos deixará plenos, pois a mágoa continuará existindo e impedindo que o Amor se faça presente.

O ego não aceita desfazer a mágoa, porque acredita que estará desfazendo, também, a possível realização. Quando, na verdade, é o ato de perdoar que permitirá a aceitação do merecimento e a consequente realização.

O Perdão é a entrega da mágoa. É a opção pelo Milagre. O desejo, que é a atração pela culpa (vinda da mágoa), é a barreira que impede a realização daquilo que buscamos. O ego opta por depender do outro e não do Espírito e, como ainda não nos aceitamos como Espíritos, isto é, não nos perdoamos, acreditamos não ser merecedores do que estamos em busca. Sem nos voltar para o nosso Ser, aceitando a unidade que somos, não conseguimos nos libertar do desejo e, também, não conseguimos realizá-lo.

O livro *Um Curso em Milagres* ensina-nos que a crença em separação "é uma mágoa muito antiga, quando a mente se fez carne e acreditou ser só, limitada e cheia de pecados". A mente acreditou ser separada das outras mentes e seguiu vivendo com essa barreira, lutando para realizar os seus desejos através do ego, forçando situações.

Se não houvesse a mágoa, aquilo que estamos em busca já estaria à nossa disposição. Como desfazer a mágoa dessa crença em separação?

Ao nos voltar para a nossa Essência, passamos a aceitar o nosso Espírito e, ao aceitá-lo, vamos nos permitir a aceitar a sua existência em todos os seres e, aceitando-o em todos, passamos a aceitar, também, a nossa união com todos através do Espírito. E, ao nos sentir unidos uns aos outros, por meio da Energia Espiritual, saberemos ser parte do Grande Todo que é a Força Criadora de tudo o que existe.

A partir dessa aceitação e compreensão, perceberemos que não existe separação entre os seres humanos. Somos Essência Divina e ela é a base de tudo o que é criado.

Portanto, ao desejar algo, devemos aceitar o Ser que somos, e isso é possível ao nos voltar para o nosso Espírito, entregando-lhe o nosso desejo de criação, desapegando-nos do resultado, ficando com a mente presente no presente, atentos ao nosso interior, nos sentindo confiantes e seguros do nosso merecimento.

O perdão

Sempre que ouvimos alguém falar sobre Perdão nosso comportamento se resume em duas atitudes:

1. Não temos nada a perdoar, porque perdoamos sempre.

2. Não é um assunto que nos interessa; bloqueamos e desviamos a conversa.

Tanto quem pensa que perdoa sempre como quem não se interessa pelo assunto estão se comportando da mesma forma.

Quando a vida não é plena, quando as dificuldades estão sempre presentes e não conseguimos resultados em nossas buscas, é porque não perdoamos. Já aprendemos que a falta de Perdão fecha as portas às conquistas materiais e afetivas e a mente à evolução.

Por que é tão difícil perdoar? Por que queremos, inclusive, acreditar que já perdoamos para não ter de aprender a fazê-lo? Porque, de fato, não é simples. Antes de chegarmos ao Perdão completo, precisamos observar as nossas atitudes e repensá-las, entender por que colocamos tanta dificuldade em praticar esse ato. O principal motivo é a culpa. Sentimo-nos culpados pela atitude que motivou o ressentimento que o outro nos fez sentir. Sentimo-nos culpados pelo que o outro disse ou fez. Em geral, acreditamos que não somos merecedores de outra atitude, senão aquela.

Já sabemos, também, que a culpa que sentimos não é relacionada diretamente com o fato ocorrido. Ela está relacionada com a errônea ideia de que, um dia, separamo-nos uns dos outros e de Deus. É essa ilusão de separação que nos faz sentir culpados.

A atitude que nos levará à Paz é a aceitação de que somos, em primeiro lugar, Espíritos em uma existência terrena e não ao contrário: um corpo que vislumbra a possibilidade de ter, também, um Espírito.

A aceitação da espiritualidade nos permitirá olhar além, aceitando a todos, também, como Espíritos. Esse entendimento permitirá a entrada do Perdão em nossa mente.

Quando conseguimos olhar para o nosso agressor também como Espírito e, sendo ele um Espírito, não pode nos atacar ou agredir, iniciamos um processo de aceitação de suas atitudes e, dessa forma, podemos aceitar também as nossas atitudes.

Esse entendimento será a chave que permitirá a abertura das portas que a falta de Perdão havia fechado e, como consequência, colocamo-nos em um processo de evolução espiritual. A facilidade com que a comunicação passará a desenrolar-se é algo inacreditável para quem ainda não se permitiu ter essa compreensão.

O processo de resolução de conflitos se inicia na nossa condição espiritual para chegar à condição física e não ao contrário. Quando tentamos a solução de conflitos sem resolvê-los internamente, ou seja, espiritualmente, a solução fica truncada e não flui. Quando primeiro perdoamos, vendo o outro como Espírito, perfeito filho de Deus, como nós, o conflito desaparece, dando início à solução do problema.

O entendimento de que não somos separados, ou seja, que estamos unidos uns aos outros por meio da espiritualidade, anula a ideia de separação e, sem ela a culpa não faz mais sentido. Ao deixar de sentir culpa, o Perdão acontece de forma natural. Tão natural que perceberemos que, de fato, não temos nada a perdoar.

CAPÍTULO 6
10 PASSOS PARA DESFAZER A CULPA

1º Passo: a aceitação da divindade que habita em nós

O primeiro passo para desfazer-se da culpa é o entendimento de que existe uma Força divina que habita em nós. Ao permitir que Ela assuma o desenrolar do nosso dia, confiando que saberá nos conduzir e lhe entregando tudo o que desejamos, abrimos espaço para a entrada da Paz em nossa mente.

Com a Paz que essa entrega permite, iniciamos o processo de autoconhecimento. Passamos a nos permitir momentos de descanso, de caminhadas junto à natureza, voltamo-nos para boas leituras, participamos de palestras direcionadas à busca interior. Portanto deixamos de olhar apenas para fora e nos permitimos olhar, também, para a nossa Essência. Entenderemos que esse tempo que estamos dando a nós mesmos é um grande presente e que nos trará novos e bons presentes.

Daremo-nos conta de que os horários podem ser flexíveis, que o tempo não é mais tão reduzido, que as tarefas são realizadas de uma forma muito mais criativa, eficiente e com resultados acima de nossas expectativas.

Com essa atitude, começamos a nos aceitar como aquilo que viemos ser. Sentiremos a alegria das coisas simples, sem as complicações que fazem parte de nossa vida. Aos poucos, estaremos conversando com a natureza e interagindo com ela. Perceberemos, também, que somos parte dela.

O tempo que esse passo vai levar dependerá de cada um. Não importa se acreditamos muito ou pouco na espiritualidade. O importante é agir com determinação e confiança. A busca interior é um ato apaixonado e, embora existam chamamentos contrários, vamos aprender a superá-los. Eles podem atrasar o nosso andar, mas jamais conseguirão nos parar. Quando menos esperarmos, estaremos prontos para dar o segundo passo.

2º Passo: ouvindo a nossa alma

O segundo passo, que nos levará a desfazer a culpa, é permitir ouvir o que a nossa Alma quer nos dizer. Ela, certamente, terá muito a nos falar. Passamos quase uma existência ignorando-a e, quando nos permitimos ouvi-la, ficaremos encantados e surpresos com tudo o que ela tem a nos dizer.

Para que ela comunique-se conosco precisamos iniciar o diálogo. Vamos começar questionando o que consideramos errado no nosso dia a dia. É exaustivo, mas valerá a pena, pois, igualmente, é exaustivo continuar batendo em portas fechadas que, sabemos de antemão, não irão se abrir.

Vamos questionar a nossa atividade profissional, a nossa formação, os nossos relacionamentos. Vamos colocar sobre a mesa ou chão de nosso local de trabalho, tudo o que nos incomoda. E, depois de ter jogado tudo lá, veremos o que ainda nos interessa e, então, de forma consciente, escolheremos com o que ainda queremos conviver.

Para que essa escolha tenha um sentido verdadeiro, para que novamente não estejamos errados, precisamos de um Guia e, desta vez, esse Guia estará à nossa disposição vinte e quatro horas por dia. Estejamos dormindo ou acordados, ele estará ali, pronto para nos conduzir, esclarecer, mostrar e ensinar.

É um Guia precioso e, se fosse utilizado pelo ego, ele nos cobraria tão caro que pouquíssimos de nós teríamos acesso ao seu trabalho, mas como Ele nasceu conosco, foi enviado pelo Criador para, quando aceitássemos despertar, estar à nossa disposição, o nosso único custo é *lembrar dele* constantemente.

Para isso, é necessário voltarmo-nos para nossa Essência, sendo essa a grande dificuldade para realizar esse contato. O ego protege-se, dificultando o nosso encontro com ele. Sendo, aliás, esse o custo para utilizarmo-nos desse serviço: sobrepor a nossa Essência aos mandos do ego.

Ouvir a voz interior é ignorar os chamados do ego. Sabemos o quão forte é o seu posicionamento, o quanto ele se impõe diante de nós, o pouco ou nenhum respeito que costuma ter aos chamados da Alma. Sempre que ela questiona nossas atitudes – e o faz de maneira gentil e mansa – o ego salta em defesa própria, justificando todos os seus atos para reinar absoluto novamente. E, claro, ele cobra o seu preço por meio de sérios problemas de saúde. Esse é o dispendioso custo do ego para se manter no comando. Desfazer o ego é, também, desfazer a culpa.

3º Passo: o encontro com o Espírito Santo, nosso Guia

Quando começamos a questionar com intensidade a vida que estamos levando, quando não mais encontramos justificativas para o que não está dando certo, começamos a aceitar que não sabemos tudo e, se não sabemos tudo, alguém deve deter esse conhecimento.

Assim o procuramos em vários lugares, livros, terapias, consultas com profissionais, tomamos medicamentos, muitas vezes, ficamos seguros de não estar errados em nossas atitudes, mesmo assim, o sentimento de inadequação e o desânimo continuam fazendo parte de nós.

Podemos continuar nos culpando ou culpando algo ou alguém e ser um refém do ego, ou podemos aceitar o comando da Sabedoria Divina do Guia que habita em nós e permitir a ser conduzidos por ele.

Essa condução dar-se-á de maneira lenta e gradual. Conforme aceitamos que não sabemos tudo e começarmos a entregar as nossas dúvidas, nosso Guia começará a se manifestar e se fará cada vez mais presente através de lampejos de sabedoria que nos surpreenderão.

No momento em que nos permitirmos vislumbrar o nosso lado não matéria, ou seja, o nosso Espírito, permitiremo-nos também a ter momentos de quietude. E esses momentos serão enriquecidos, cada vez mais, pela meditação, por uma prece que, aos poucos, passará a ser um diálogo sincero e contínuo com o nosso mestre interior, nosso Guia.

Dessa forma, vamos aprender a não mais idolatrar um deus fora de nós. Iremos compreender, aos poucos, que somos parte Dele ou, como diz Deepak Chopra, em seu livro *As 7 leis Espirituais do sucesso (*Rio de Janeiro: Best Seller , 2002): "Na realidade, somos uma divindade disfarçada, somos embriões de deuses e deusas que, contidos em nosso Ser, buscam a plena materialização. O verdadeiro sucesso é, por isso, a experiência do Milagre. É a divindade se abrindo em nosso interior. É percebermos essa divindade em toda a parte, em tudo o que experimentamos – no olhar de uma criança, na beleza de uma flor, no voo de um pássaro. Quando passamos a experimentar a vida como uma expressão milagrosa da divindade – não de vez em quando, mas o tempo todo – saberemos o que significa verdadeiramente o sucesso".

E dessa nova compreensão nascerá uma cumplicidade maravilhosa com a nossa Essência, preenchendo todos os espaços que o ego costuma deixar abertos. Espaços esses que nos dão a sensação de vazio interior e que tentamos preencher com supérfluos que detonam nossas economias e nos obrigam a buscar mais dinheiro para, novamente, em vão, tentar preencher esse vazio, levando-nos a um círculo vicioso que perturba profundamente, impedindo-nos de ter Paz.

Quando passamos a equilibrar a nossa existência, atendendo também as solicitações de nosso Espírito, e mais, sobrepondo-as às solicitações do ego, passaremos a sentir que Paz e plenitude são possíveis, sim.

Para viver a plenitude que começamos a experimentar vamos, mais uma vez, perceber a grande necessidade de desfazer-nos da culpa.

4º PASSO: LIBERANDO A MENTE

À medida que avançamos na aceitação da espiritualidade, muitos questionamentos costumam vir à tona. A tendência é o ego, acostumado a reinar só, se travestir de Essência. Experimentamos euforia, passamos a acreditar que o nosso Espírito já sobrepôs o ego e temos respostas para tudo. É bom ficar alerta, pois jamais saberemos tudo. O que estamos aprendendo é, justamente, isso, que nada sabemos e que estamos aqui em uma experiência que deverá nos fazer evoluir e só teremos sucesso se aceitarmos que saber tudo faz parte do ego e não da Essência. Nosso Espírito aceita os acontecimentos como parte do processo de evolução. Não os julga, nem os condena. E é nesse estado de não julgamento que a Paz retorna e nossa mente fica livre e criativa, permitindo, então, que o nosso Guia retome a condução para voltarmos a ser anfitriões de Deus e não reféns do ego.

A retomada de nossos pensamentos e atitudes pelo ego é frequente, daí a necessidade de estarmos sempre atentos, quando percebemos que os acontecimentos não fluem, quando a mente novamente se fecha e a irritação surge, é porque deixamos de entregar, passamos a julgar e permitir o domínio do ego.

É hora de deixar a mente extrapolar seus questionamentos, deixá-la expor suas irritações até cansar. Porque ela irá cansar de dar voltas e voltas e não chegar a lugar algum. Aí, irá parar e procurar um lugar seguro e calmo para novamente se situar. Esse lugar, agora, está à sua espera, o nosso Guia vai conduzi-la, dando-lhe as respostas que precisa, mas pela ótica do Amor.

Para obter sucesso neste retorno é necessário aceitar que, embora estejamos em crise e cheios de dúvidas, é da Essência que queremos a resposta, sendo a ela que nos dirigimos por meio do nosso Guia.

5º Passo: tomando atitudes com base na essência

Aprendemos a ouvir a nossa voz interior, agora, é hora de começar a ter atitudes com base no que sentimos que ela nos aconselha.

É um período muito difícil. Queremos acertar, mas estamos com medo, pois o que devemos fazer, desta vez, será verdadeiro e não mais poderemos culpar alguém pelo que vamos bancar. Bancar, sim, porque atitudes com base na Essência não costumam levar em consideração falsas verdades. Elas jamais aceitam a interferência do ego, que costuma se fazer de coitado, procurando manipular. Vamos descobrir que o ego é um grande criador de artimanhas e seu intuito é obter o resultado que deseja, não importando o que tenha de fazer para isso. O ego não perdoa nada, nem ninguém. A princípio, ele costuma a omitir-se diante dos desafios, pois, se tiver de mostrar covardia para atingir seu objetivo, ele fará. Se tiver de mentir, o fará, acreditando que está falando a verdade. Se tiver de enganar, ele enganará, tendo uma justificativa preparada para isso. Ele sempre encontra uma justificativa para as atitudes negativas e, principalmente, para as positivas que deixou de ter. Chora, sente pena de si próprio e dos outros, reclama de tudo, culpa a si mesmo e aos outros, fazendo o que está ao seu alcance para não perder o seu reinado em nossa existência.

Portanto, com esse inimigo em nós, é complicado colocar em prática atitudes que sabemos ser corretas. Novamente é hora de contar com a força que descobrimos ter e dar ao nosso Guia os comandos de nossas atitudes. É um momento que exige muita Fé, confiança e determinação. Só com esses sentimentos é que conseguiremos ultrapassar essa barreira. É também um momento de muita prece e entrega. Sabemos que estamos fazendo o melhor, porque sentimos que fomos orientados a fazê-lo e, se fomos orientados, certamente, não seremos deixados sozinhos. Temos uma grande base Espiritual aliada, uma organização fantástica que está coordenando o desenrolar dos acontecimentos. Somos apoiados como sempre desejamos ser, mas nunca acreditamos que fosse possível.

Ter atitudes com base na Essência fará de nós pessoas altamente equilibradas e seguras, sem contar com os resultados práticos que irão advir delas.

Com essa mudança no comando de nossas ações, o sentimento de culpa reduzir-se-á gradativamente. Como não mais nos culpamos pelo que é errado, visto que estamos agindo para corrigir, deixaremos também de culpar os outros. Além disso, passamos a ter sabedoria para compreender e aceitar quem ainda não encontrou o caminho para realizar essa mudança.

6º Passo: aprendendo a não julgar

Costumamos não saber que julgamos, mas, ao observar os nossos pensamentos, descobrimos que raramente não o fazemos. Essa atitude é automática enquanto acreditarmos ter resposta para tudo. Ela é a nossa forma de interagir com os acontecimentos ao nosso redor.

Temos o hábito de rotular como positivo ou negativo, dando uma nota para tudo o que vemos ou ouvimos, principalmente se está relacionado conosco. Pensamos ser natural essa atitude, mas, se prestarmos atenção, vamos perceber quanta energia dispersamos ao agir assim. Essa energia pode ser muito melhor aproveitada quando nos permitimos olhar, ouvir e não julgar. Ao deixar os acontecimentos serem o que são, sem que façam parte de nosso julgamento, sentiremos uma leveza muito grande. Vamos perceber que aquilo que acontece fora de nós não é tão importante a ponto de movimentar o nosso interior.

Esse desligar dos acontecimentos facilitará muito a entrada da Paz em nossa mente. É importante que esse não julgamento não represente descaso ou omissão. Se percebermos isso, é porque estamos, sem dúvida, julgando-nos como superiores ou inferiores àquela situação. O não julgamento faz parte de quem se sente igual, nem mais, nem menos. Tão igual que se sente impossibilitado de dar uma nota ou rotular a situação em questão.

Dessa forma, vamos aceitar que não detemos o conhecimento de tudo o que acontece. Na verdade, não detemos nenhum conhecimento. Buscamos, sim, a sabedoria para nos orientar e podemos, mentalmente, pedir que essa sabedoria oriente, também, todos os envolvidos. Com certeza, ela não falhará e as dificuldades que poderiam advir do nosso julgamento se transformarão em soluções. Milagres começam a acontecer ao nosso redor.

O não julgamento nos leva ao Perdão. Exercitando-o, descobriremos que o próximo passo para desfazer a culpa pode ser dado.

7º Passo: vivenciando a verdade

Vamos descobrir que não existe mais de uma verdade. Quando julgamos, costumamos olhar a verdade de cada um. Essa é a forma do ego de *não* resolver conflitos.

Se fôssemos separados uns dos outros, isso seria possível. Mas devemos aceitar que somos uma só energia, unidos a uma Energia Maior. Sendo assim, jamais seria possível um entendimento diferente para cada um de nós. Portanto, se tentarmos fazer valer a nossa verdade; e o outro a dele, ficaremos brigando eternamente. Diante disso, muitas vezes, alguém desiste de fazer valer a sua verdade e o outro fica com ela. Em outras, faz-se um acordo: ambos ficam com meia verdade. Tanto em um caso como no outro, existem perdedores. Essa forma de solução de conflitos mantém a falta de Perdão.

Por meio da entrega das dúvidas e conflitos ao nosso Guia, vamos perceber que existe uma verdade que não vai prejudicar ninguém. Existe uma forma de solução de conflitos onde ninguém perde.

O processo é simples: basta que consigamos não julgar a situação, entregar e ter Fé de que a melhor solução será dada. E a solução que advir dessa confiança no criador é a Verdade. É assim porque a base para essa resolução é o sentimento de Amor que conseguimos deixar entrar com o não julgamento. E a presença da Verdade é a presença do Amor.

Vivendo a transparência que a Verdade nos oferece os conflitos somem da nossa existência. No início, enquanto ainda não estamos acostumados a viver a partir da Essência, parece um pouco difícil vivenciar a Verdade sempre. Mas, à medida que aprendemos a andar com mais segurança, não conseguiremos viver sem ser por meio Dela. A Paz que obtemos com esse comportamento nos auxiliará, e muito, nos nossos próximos passos.

8º PASSO: VENCENDO O ESPECIALISMO

Costumamos nos sentir especiais. Esta é uma forma de manutenção do ego: o especialismo. É, também, a forma do ego nos ensinar sobre o amor. Entendemos que, por nos amar, devemos atender todos os anseios do nosso lado matéria. Se não atendermos, é porque estamos sendo relapsos e, principalmente, porque não conseguimos ser bem-sucedidos. Muito sofrimento advém desse comportamento. Sentimo-nos fracassados ou egoístas, mas nunca plenos e em Paz.

Queremos ser compreendidos e aceitos e, quando isso não acontece, sentimo-nos injustiçados. A forma que utilizamos para seguir adiante é culpar e deixar o Perdão para mais tarde. Acreditamos que precisamos dar um tempo para que a situação se resolva dentro de nós e também dentro do outro, com quem estamos em conflito. Essa é a forma que o ego encontra para seguir sem resolver o conflito, que é, também, uma maneira de negar a espiritualidade. Preferimos continuar acreditando que somos separados uns dos outros, que o que sentimos é diferente do que o outro sente. Se nós o perdoamos; e o outro não, pensamos que vamos sofrer sozinhos a injustiça ou, ainda, podemos passar a acreditar que já o perdoamos e oscilamos entre nos sentir superiores ou dependentes do seu Perdão.

Em outras situações, frequentes, não perdoamos porque queremos que o outro sofra; o ego gosta de saber que ele quer o nosso Perdão. Se soubermos que a nossa falta de Perdão não lhe faz sofrer, deixaremos de nos sentir especiais, e a situação, aparentemente, resolve-se por si, mas, na verdade, foi o Perdão do outro que a resolveu.

Tanto quem pensa que sempre perdoa como quem sabe que não perdoa se sentem especiais. O Perdão está acima do especialismo. Ninguém é especial, superior ou inferior a ninguém. Como estamos vivendo por meio da Essência, a injustiça que acreditamos existir deve ser entregue ao nosso Guia, para que ele a desvaneça na Luz da presença do Amor.

Certamente, se entregamos ao Espírito divino a busca pelo Perdão, através dele, o outro com quem estamos em conflito, também será despertado, e a injustiça que estamos sentindo dará lugar à Justiça divina. Por meio dela, perceberemos que só com Amor pode haver justiça.

9º PASSO: ACEITANDO O DESFAZER DA CULPA

Se acreditamos no pecado, para nos desfazer da culpa, precisamos, também, aceitar que os pecados podem ser desfeitos.

O livro *Um Curso em Milagres* nos assinala que não somos pecadores, que aquilo que acreditamos ser pecado é um equívoco e, sendo equívoco, pode ser desfeito.

Novamente, a aceitação da espiritualidade é fundamental neste processo, pois, ao aceitarmos a Verdade maior, aceitamos, também, que a separação é uma ilusão e, desse modo, os equívocos que cometemos podem ser desfeitos desde que desejemos que sejam desfeitos. Pois assim é o desfazer de qualquer ilusão: deixar de acreditar nela.

Os problemas que guardamos e escondemos são os nossos pecados secretos, porque não escolhemos deixar que o Divino Espírito Santo os removesse. Fizemos isso porque pensamos que nem todos os nossos irmãos têm os mesmos direitos que nós. Não reivindicamos os nossos direitos porque sabemos ser injusto com alguém com direitos iguais aos nossos. Negamos e nos sentimos negados. A amargura que sentimos nos condena como indignos de Perdão. Como não nos perdoamos, sentimo-nos culpados, e, sendo culpados, também não conseguimos Perdoar.

Por isso, a nossa única responsabilidade é perdoarmo-nos. Quando nos permitimos receber o Perdão divino pelos nossos equívocos, podemos oferecer o mesmo Perdão ao outro, pelos seus equívocos.

Para isso, devemos aceitar a lei, na qual a salvação se baseia: "A justiça tem que ser feita para todos, se é que se quer que alguém se salve. Ninguém pode perder e todos têm que se beneficiar. Cada Milagre é um exemplo do que a justiça pode realizar quando é oferecida a todos de modo igual. Ela é recebida e dada igualmente. É a consciência de que dar e receber são a mesma coisa. Porque ela não faz com que o mesmo não seja igual, não vê diferenças onde elas não existem e, assim, é a mesma para todos, porque não vê diferenças entre eles. Seu oferecimento é universal e ela ensina apenas uma mensagem: o que é de Deus pertence a todos e é devido a todos" (*Um Curso em Milagres*, Livro texto, p. 579).

Quando entregamos nossas culpas à justiça Divina é porque acreditamos que o Amor estará presente para desfazê-las. E sendo o Amor o que é, podemos ter certeza de que não seremos privados do bem que a justiça de Deus nos reservou.

10º Passo: sentindo a alegria de viver sem culpa

Viver sem culpa é começar a viver ou recomeçar se preferirmos. Certamente, é ao poucos que iremos descobrir o prazer de viver sem essa bola de ferro atada aos pés. Como, também, é aos poucos que vamos nos desfazer totalmente da culpa. Esse não é um aprendizado que ocorre de uma hora para outra, vamos revisá-lo e aprimorá-lo a cada situação, na qual seremos chamados a Perdoar, mas podemos ter certeza de que será em um número bem maior do que estamos habituados a perceber. Isso irá acontecer porque não conseguiremos mais seguir adiante deixando conflitos sem solução.

Vamos querer viver os nossos dias de maneira plena, de acordo com a Verdade que habita em nós e, para isso, é necessário Perdoar sempre.

Sentiremos urgência em fazê-lo, pois a culpa deixa-nos tensos e irritados. Como sabemos que não devemos procurar culpados fora de nós, vamos nos voltar ao nosso Guia e entregar verdadeiramente a situação que nos traz conflito.

A princípio, é difícil identificar o que está ocorrendo conosco, mas a repetição da experiência do Perdão nos tornará flexíveis, e essa mudança não permitirá que continuemos com a culpa dentro de nós. Vamos querer nos libertar dela, rapidamente, para voltar à plenitude que já sabemos ser possível vivenciar.

Existem situações que não saberemos, com certeza, se perdoamos. Aí entra o não julgamento e a Fé. Se desejamos de fato Perdoar, devemos entregar ao nosso Guia a situação em conflito e acreditar que a solução acontecerá nos moldes que nos foi ensinado: "Justiça, como Deus a conhece, significa que ninguém pode perder. E o que seria injusto para qualquer um, não poderá ocorrer" (UCEM).

Assim, podemos seguir o nosso caminho sentindo a imensa alegria de estarmos conectados com a nossa Essência, atendendo o seu chamado, dando a mão ao nosso irmão, aceitando a unidade que somos e nos libertando do peso da culpa que o sentimento de separação nos fazia sentir.

CAPÍTULO 7
10 PASSOS PARA DESFAZER O MEDO

1º Passo: questionando os nossos vícios

O que são vícios? Por que sofremos tanto para nos livrar deles? Por que nos trazem tantos sofrimentos contraditórios? Por que nos dão a sensação de plenitude e, depois, cobram-nos um alto preço com a culpa?

Vício é o que chamamos de pecado. Enquanto acreditarmos que são pecados, cremos, inconscientemente, que não podem ser desfeitos e, com essa crença, jamais conseguiremos nos libertar deles. A sua atração é a culpa. Se deixarmos de nos sentir culpados, e isso é possível por meio do Perdão, o vício deixa de exercer a atração que tem sobre nós e ficaremos livres dele.

O que podemos considerar vício? Tudo o que cometemos em excesso e/ou nos faz sentir culpados e dependentes: comida, bebida, sexo e promiscuidade, avareza, excesso de consumo de qualquer ordem, drogas, etc.

É comum existirem vícios que não detectamos como tal, sofremos com determinadas atitudes, não temos domínio sobre elas, mas não as consideramos um vício. Pensamos ser apenas uma causa de sofrimentos com a qual não conseguimos lidar. Muitas vezes, buscamos tratamento para aprender a lidar com essa atitude, queremos ter controle sobre ela. Buscamos equilíbrio para ter Paz e, na busca desse equilíbrio, deparamo-nos com outras formas de excesso e nos percebemos apenas trocando de dependência. Dessa forma, seguimos pela vida apaziguando o sofrimento, mas nunca conseguindo superá-lo. Esse comportamento faz parte do círculo vicioso do ego, é, através dele, que sobrevive a sociedade de consumo.

Todas as atitudes viciadas são parte da ilusão que é a existência do ego. Vivemos trocando de ilusões em busca da plenitude. Muitas vezes sentimo-nos perdidos, começando a vislumbrar que estamos no caminho errado, que por ele jamais atingiremos a plenitude esperada.

É nesse momento que se abre um espaço para questionamento. Se nos utilizarmos dele, poderemos descobrir o caminho certo, aquele que, sem dúvida, desfará todas as ilusões no caminho da Verdade. Esse caminho é trilhado por meio da Fé. Para seguir através da Fé, é necessário confiança, agora, não mais em algo visível ou palpável, mas na energia da Fonte criadora de tudo o que é visível e palpável.

Isso que para o ego é ilusão, passa a ser a nossa força. Vamos entender que essa força não é nossa, mas nos é dada no momento em que acreditarmos nela. Com ela, nossos vícios deixarão de ter o domínio que possuem sobre nós. Esse é o início de uma cura que irá nos levar além, permitindo desfazer o estrago que o medo causou em nossa mente, reconstruindo o Ser que somos: livres, curados e íntegros, prontos para Perdoar e fazer a nossa parte pela evolução.

A Fé é fundamental em qualquer processo de cura, pois se trata sempre de desfazer uma ilusão que, para o ego, é uma verdade concreta. Por exemplo: se temos compulsão por comida, para o ego, a comida é algo concreto e buscamos terapias, fizemos tabelas, somos até convencidos de que seremos eternamente viciados e, como tal, devemos ficar vigilantes para não permitir deslizes, procurando comer apenas o suficiente. Trata-se de um processo desgastante e que nos mantém no círculo vicioso do ego. Como é um domínio do ego pelo ego, é, através do medo, portanto é a manutenção do ego.

A confiança que passamos a depositar no Criador desfará esse domínio. Ao entregar ao nosso Guia o sincero pedido de desfazer a ilusão de que somos compulsivos, gentilmente, seremos conduzidos pelo caminho da cura. Sem esforço, sem medo, seguros e em Paz.

Quando entregamos ao Guia algo sobre o qual sentimos não ter controle, estamos demonstrando a nossa Fé. É a Fé depositada na Verdade. É essa Fé que desfaz as ilusões, fazendo os Milagres acontecerem.

Seguidamente, temos atos de Fé, mas nem sempre depositamos na Verdade. Se a Fé for investida no medo, é o medo que se manterá conosco e, consequentemente, mantemos também os vícios que queremos nos libertar.

No momento em que conseguimos confiar e entregar o desejo de cura ao nosso Guia, estamos também nos perdoando. No Perdão, está a liberação de todos os nossos desejos.

2º Passo: questionando a nossa dependência

Para desfazer o medo precisamos rever as nossas dependências. Usamos a palavra vício para a dependência que costumamos ter em relação a determinadas atitudes, mas existe um tipo de dependência que nem sempre consideramos vício: a idolatria. O ego elege determinada forma material e nos faz acreditar que ela nos dará tudo o que precisamos. Cada um de nós sabe como idealizamos, o que ou quem é. Costumamos mudar de idolatria mudando o foco, mas não a forma. É sempre o responsável pela nossa manutenção: se nos encontramos felizes, é o responsável positivo, se estamos infelizes, é o responsável negativo. Esse ídolo que olhamos lá fora, inimigo ou amigo, dependendo do momento, está em nós, ou seja, somos nós mesmos nos vendo em um espelho.

Quando o espelho se quebra, esse ídolo deixa de existir e saímos à procura de outro que imaginamos poder nos dar a almejada segurança emocional e/ou econômica. Na busca dessa nova ilusão, retomamos o círculo vicioso que não nos permite ter Paz.

Voltar-nos para o Criador e não para a criação (o ídolo), é a forma de interromper esse círculo vicioso do ego. Quando conseguirmos entender que a imagem que projetamos como fonte de segurança possui a mesma dependência que nós possuímos, iremos aceitar a igualdade que somos e, como iguais, devemos dar as mãos para nos fortalecer através da união. Nessa **união**, que é a base para a realização de todos os nossos desejos, está a segurança que almejamos. Para tanto, novamente, o ato de Perdoar é fundamental, pois, sem essa atitude, não há união.

A segurança está na certeza de que é dando que recebemos, que dar não é deixar de ter e, sim, aumentar o que já possuímos.

O Amor prova que há abundância no Universo e que, para que possamos ter a nossa parte, é necessário estar disposto a partilhar sempre, sem medo de ficar com menos. Os recursos que acreditamos nos trazer segurança advêm da Criação divina. A forma como os utilizamos pode nos dar uma falsa ou verdadeira segurança, depende apenas se estamos sendo reféns do medo ou anfitriões de Deus, no momento em que desejamos e/ou utilizamos esses recursos.

A idolatria, quando passamos a ter Fé e confiança na força que habita em nós, deixará de existir e dará lugar a um sentimento de infinita segurança, tranquilidade e Paz.

3º Passo: revendo o conceito de relacionamento

O que buscamos em um relacionamento? Não importa se profissional ou afetivo, do ponto de vista do ego, a motivação é sempre a mesma: querer que alguém faça por nós aquilo que não estamos conseguindo fazer. Há uma estrutura montada para isso, e ela busca proteger o ego. Dentro dela, utilizamo-nos de um comportamento estudado e comedido, cansativo e difícil de ser verdadeiro, pois é uma forma aprendida para agradar e manter o ego.

Quando nos voltamos para a nossa Essência e passamos a responder aos seus anseios, entramos em conflito com o ego, tanto o nosso como o dos outros.

É hora de rever o nosso conceito de relacionamento: passamos a buscar dentro o que antes buscávamos fora de nós. Dessa forma, os relacionamentos não são necessários para isso.

Vamos vivenciar os relacionamentos com o objetivo de sentir a Energia única que somos, onde cada um é parte integrante do nosso Ser. A fonte inesgotável de tudo o que desejamos está em nós, basta nos voltar a ela, entregando as nossas necessidades e mantendo a Fé e confiança, primeiro nela e, em seguida, em todos os nossos relacionamentos, pois é através deles que a Fonte vai nos atender.

O elo que nos liga uns aos outros é o sentimento de Amor. Quando sentimos Amor verdadeiramente, não mais saberemos o que é escassez e solidão. Tudo e todos estarão sempre conosco, não é mais necessário procurar, buscar e pedir, basta sentir.

Nesse momento, passamos a ser verdadeiros. Nosso comportamento não será mais estudado e comedido. O Amor, com naturalidade, faz a parte que lhe cabe, sem precisar do nosso esforço. Basta confiar e não interferir com a imposição da nossa vontade.

Estamos, agora, cientes de que construímos um relacionamento que está acima de qualquer necessidade. Passamos a perceber que "falta" é uma palavra que não mais utilizamos, porque, na verdade, toda a falta que sentimos é ausência de Amor, toda a busca que empreendemos em nossos relacionamentos é por esse sentimento. Não o sentimento de posse e idolatria, mas sim o Amor pelo Ser divino que somos. Só esse sentimento nos dá a saciedade e plenitude que desejamos.

Passamos, agora, a viver um novo conceito de relacionamento: amplo, ilimitado, com o qual estamos sempre interagindo, não mais para nos completar ou obter algo, mas para uma troca de energia sublime e pura, que faz a nossa Alma evoluir, conduzindo-nos em direção ao nosso Lar, seguro e confortável, nosso Lar verdadeiro.

Trata-se do nosso relacionamento com o Espírito Santo, enviado pelo Criador, para que possamos retornar a Ele.

4º Passo: questionando o orgulho

Orgulho é uma palavra ambígua, mesmo do ponto de vista do ego, oscilamos em definir como boa ou ruim. O que ele significa, na verdade? É um sentimento positivo ou negativo?

Se somos iguais, nem mais nem menos do que ninguém, não se justifica o sentimento de orgulho dentro de nós, no sentido de comparação. No momento em que o sentimos por ser parte da criação, compreendemos o seu verdadeiro significado.

Portanto, para que possamos nos voltar para a Essência precisamos nos desfazer também do sentido que estamos dando para a palavra orgulho. A forma como o concebemos impede a nossa evolução, pois acreditamos precisar saber tudo sobre tudo.

A aceitação de que somos ignorantes em relação ao que não é palpável e explicável do ponto de vista do ego, permite um novo questionamento. Quando aceitamos que ignoramos o significado da existência e de tudo o que nos rodeia, passamos a questionar-nos quanto ao sentido de algo existir para depois deixar de existir, abrindo espaço para um novo entendimento que nos dará, por meio de lampejos de compreensão, um sentido maior para tudo.

A aceitação de um novo sentido desfará, aos poucos, a nossa ilusão e, também, o orgulho de acreditar que possuímos resposta para tudo. A Verdade Maior não nos dará a resposta que pretendemos, mas eliminará a necessidade que tínhamos dela. Passamos, então, a orgulhar-nos da aceitação que alcançamos. Esse é o verdadeiro sentido do orgulho: *orgulhar-nos de nada saber e estarmos dispostos a ser conduzidos por algo que não vemos.*

Os tropeços e as dificuldades no nosso dia a dia são criações do ego que, com sua arrogância característica, nos faz passar por momentos de provações que nos fariam pagar nossos pecados.

Isso seria possível se tivéssemos pecados e se esses tropeços fizessem, de fato, aprender. Sabemos, agora, que pecados não existem, são equívocos que podem ser desfeitos. Para desfazê-los, precisamos nos voltar para a Essência e, para tanto, temos de superar o orgulho do ego. O sofrimento em si não ensina nada, o que abre espaço para o entendimento de que nada sabemos é o momento em que nos obrigamos a deixar o orgulho de lado. O que nos auxilia é a verdadeira humildade, a qual só atingiremos quando aceitarmos ser Espíritos – deixando a matéria em segundo lugar. A vergonha, que costuma aparecer quando deixamos o orgulho, não faz sentido para o Espírito, pois ele desconsidera qualquer ato praticado pelo ego, não porque seja inferior, mas por se tratar apenas de uma ilusão.

O orgulho, quando colocado em seu verdadeiro sentido, é um grande aliado em nossa evolução. Não mais teremos sentimentos de inadequação e vergonha; passamos a nos sentir sempre parte de um grande todo, iguais, nem superiores, nem inferiores. É disso que vamos nos orgulhar e, por meio dessa igualdade, aprender e evoluir.

5º Passo: vislumbrando o amor

Já falamos várias vezes sobre o Amor, assim, com "A" maiúsculo. Como é sentir esse Amor? O que ele significa, realmente?

O Amor que vislumbramos, agora, é o mesmo com o qual sempre sonhamos. A mudança que nos leva a trocar o "a" pelo "A" só pode ser sentida dentro de nós. Sabemos que o Amor tem de ser incondicional, tem de ser infinito, irrestrito, pleno. Queremos ser amados assim, mas não sabemos amar dessa forma.

Sabemos como ele deve ser porque já é parte de nós, não conseguimos vivenciá-lo, porque está encoberto por camadas de medo e culpa, que é o ego atuante. O medo e a culpa, que dão vida ao ego, impedem-nos de sentir o verdadeiro Amor.

Para retirar essas camadas de medo e culpa, é necessário compreender tudo o que não é Amor e, aos poucos, sem que o ego se dê conta, abrir espaço para o Verdadeiro Amor.

Esses espaços são ampliados pelas nossas escolhas: sempre que tomarmos um caminho que nos faça sentir dúvida, mágoa, raiva, insegurança, conformismo e até euforia, tudo decorrente do medo e da culpa, devemos parar e escolher novamente, entregando ao nosso Guia esses sentimentos, pedindo que ele nos conduza, novamente, pelo caminho que nos leva para junto do Amor.

A aceitação de que não é com esses sentimentos que queremos conviver abre espaço para o Amor entrar nos nossos relacionamentos.

A partir do instante que vislumbramos o Verdadeiro Amor, não mais aceitamos vivenciar o que antes acreditávamos ser Amor: imposições, cobranças, apego, ciúme e jogos, nos quais falte a verdade, não serão aceitos em nome do Amor.

O Amor é puro, único, inigualável. É Deus em nós e nós Nele. É por isso que sabemos como Ele deve ser. Fomos criados no Amor, somos o Amor. O que nos impede de sentir o Amor que tanto ansiamos são as "tralhas" que o ego nos faz carregar conosco.

Quando conseguimos nos desfazer do medo e da culpa, o Amor surge, cobrindo-nos com a sua proteção natural e infinita. O vislumbrar do Amor Verdadeiro se dá através da Fé e confiança que depositamos em algo maior. É dessa forma que daremos início à verdadeira união com o Criador e Suas criaturas, passando a nos sentir amados e amando como sempre sentimos que deveria ser. A partir desse instante, o Perdão far-se-á presente, desfazendo uma mágoa muito antiga, aquela que fez a mente tornar-se carne e acreditar que era apenas isso: limitada, só e cheia de pecados. Começamos, então, a sentir o Ser infinito, puro e único que somos.

6º Passo: admitindo os equívocos, em nome do amor

Quando questionamos o que é verdadeiramente o Amor, os equívocos que cometemos em nome dele devem ser admitidos. Não para nos punir, mas sim para *desfazê-los*. Em geral, originaram-se do medo e da falta de Perdão.

Para continuar a nossa caminhada em direção à Verdade, precisamos olhar para eles, admitir a nossa fraqueza em tê-los praticado, entregando para o nosso Espírito o julgamento dos mesmos. Se sentirmos que podemos fazer algo, no sentido de modificar para melhorar algum ato que cometemos, devemos tomar tal atitude.

Se não for possível modificar o que fizemos, é necessário entender e aceitar que foi mais uma ilusão orientada pelo ego, entregando ao nosso Guia, para que ele desfaça tal equívoco, assumindo a escolha de não mais repeti-lo.

Existem, também, os "pecados secretos" que optamos por deixar escondidos de nós mesmos, porque os praticamos acreditando que foram motivados por Amor.

Certamente, foram motivados por um sentimento que compete com o Amor verdadeiro, mas é superficial e finito: carência, desejo, posse, etc., tudo isso faz parte da ausência de conhecimento do Amor que já está em nós, que é intenso e ilimitado.

Esses "pecados secretos", quando aceitos como equívocos, tornam-se mais fáceis de ser admitidos, permitindo, assim, o seu desfazer.

Com essa atitude, além de obter a aceitação do outro, aproximamo-nos mais do Amor verdadeiro, onde nos sentiremos em Paz e seguros.

A fraqueza que nos fez agir daquela forma dará lugar à confiança e à serenidade, características de quem passa a sentir o Amor dentro de si. Assim, não nos sentiremos sozinhos e fracos novamente.

Nesse sentido, estamos sendo curados de nossos vícios e dependências, utilizando-nos de um remédio que não se adquire em farmácias, mas está à disposição dentro de nós. Para utilizá-lo, a receita é a Fé e a confiança, prescritos pelo Amor.

Rever e admitir esses equívocos não são tarefas fáceis. Nem sempre queremos admitir os nossos "pecados", pois ainda os vemos como tais, acreditando que devemos ser punidos e não há Perdão. Nós os cometemos em nome do amor que conhecíamos e queremos muito sentir e ser perdoados.

Passamos, então, a ter uma nova compreensão de que pecados não existem e o que ocorreu faz parte da ilusão criada pelo ego. O que cometemos são equívocos e, como tal, podem e devem ser desfeitos.

O Perdão que desejamos deve, em primeiro lugar, ser sentido por nós mesmos, pois, assim, esse sentimento sincero estende-se ao outro, sem perceber, ele também nos perdoará. É a unicidade fazendo a sua parte em nome do verdadeiro Amor.

7º Passo: o abandono das ilusões em favor da verdade

Quando revemos o nosso conceito de relacionamento, o ego e as idolatrias ficam de prontidão nos questionando como vamos conviver com eles. Como conseguir ter equilíbrio e conviver sem altos e baixos, de forma pacífica com as ilusões?

Não é possível conviver com as ilusões quando optamos pela Verdade. Quando a ilusão entra, a Verdade sai. Quando a idolatria se apresenta, o Amor se despede.

A ilusão – o ego e a idolatria se desfazem sempre que colocamos o Amor verdadeiro em primeiro lugar.

Não deixamos de conviver com as pessoas, apenas não mais nos iludimos, nem idolatramos. Passamos a conviver de igual para igual, em todas as situações.

Ilusões e idolatrias são difíceis de desfazer, porque são falsamente amorosas, mantendo o ego atuante. Deixam-nos flutuantes, despreocupados, confiando a nossa existência a um ídolo, um deus que nos ilude, parecendo fazer tudo por nós. No momento em que esse ídolo falha – e é seguro que falhará, pois não é em Deus que está se apoiando – essa queda nos transtorna profundamente.

Para chegar à porta do Céu, que é a morada do Amor, precisamos entregar ao nosso Guia todas as dificuldades aparentes sem reter nenhuma, pois se alguma se mantiver é porque ainda não estamos seguros da opção em viver no Céu ou continuar com as ilusões e desilusões que o ego e suas idolatrias nos trazem.

Certamente, teremos infinitas oportunidades de tentar de novo, para o abandono das ilusões e idolatrias em favor do Amor Verdadeiro. Mas, a cada oportunidade em que aceitamos a Verdade no lugar de um ídolo ou de uma ilusão, fortalecemo-nos um pouco e, sem que o ego perceba, ficaremos livres do seu domínio. Sem ele, o Amor tem espaço para fluir em nossas atitudes e nos percebemos querendo viver somente por meio do Amor, com Amor, sendo o Amor.

Assim, trocamos a frase anteriormente citada por esta: *Quando a Verdade entra, a ilusão sai e quando o Amor se apresenta, a idolatria se despede.*

8º Passo: o que é o amor, então?

Quando revemos as nossas atitudes em nome desse sentimento, começamos a questionar *o que e como* deve ser o Amor. Como defini-lo? Qual é a sua fórmula? Que tamanho tem? O que significa?

Para o Amor, não há definição. Não há fórmula. Não há tamanho. O seu significado é traduzido em tudo o que ele não é.

Se quisermos saber o que ele é, se o estamos sentindo e vivendo realmente, precisamos estar seguros do que ele não é. Só aí passaremos a sentir a sua presença em nós.

Na presença do Amor, as injustiças se desvanecem, não há demora para o Perdão acontecer. Não há especialismo, não há dúvidas, não há ansiedade, não há insegurança. Enfim, na presença do Amor, não há espaço para sentimentos pequenos.

A nobreza indefinível desse sentimento fará a sua parte de forma delicada e suave em nossa existência. O manso aconchego que ele nos dá será repassado em cada ato, em cada gesto que tivermos, em cada palavra que pronunciarmos. Tornaremo-nos portadores dele sem alardes. Ele fluirá através de nós, estendendo-se a todos com quem convivemos ou buscamos conviver.

Por que vamos precisar defini-lo se o sentimos? Vamos apenas querer seguir com ele e não nos afastar nunca mais daquilo que representa. Desejaremos que a humanidade o conheça. É nesse momento que tomamos consciência da nossa parte na salvação.

É impossível que quem apenas vislumbre o Amor, queira retê-lo para si. Irá desejar que mais e mais pessoas possam senti-lo, mas não fará isso bradando, porém através da sabedoria que ele traz consigo.

9º Passo: o poder da oração no desfazer do medo

O livro *Um Curso em Milagres* nos ensina que *sempre* estamos em oração, somos responsáveis por tudo aquilo que recebemos. O que pensamos merecer nos é dado porque é o que estamos pedindo.

Se acreditamos estar recebendo aquilo que não deveríamos, é porque estamos julgando o merecimento, tanto o nosso como o alheio.

Nossos julgamentos escondem Milagres em nossa consciência. Quando desejamos algo, não devemos julgar se merecemos ou não. Essa decisão deve ser entregue ao nosso Guia, para que ele julgue por nós. Ele olha e vê o que é verdadeiro, desfazendo a nossa ilusão de ser ou não merecedores.

Nós não conhecemos a nossa vontade verdadeiramente, mas o nosso Guia conhece e sabe que a vontade do Criador é a mesma que a nossa. Quando entregamos os nossos pedidos ao Espírito Santo, Ele falará por nós, pedindo os Milagres que desejamos.

Vamos compreender que o poder da oração está no não julgamento. O julgamento pode gerar raiva, tanto o julgamento positivo (de ser merecedor) ou negativo afastam o Milagre. O Guia que o Criador nos enviou olha para a nossa dificuldade, vê que não é real e, na sua compreensão, ela é desfeita.

A oração, na forma que estamos aprendendo agora, é realizada sem medo. É uma entrega ao Criador, por meio do nosso Guia, de tudo o que precisamos, sem julgar.

Aprenderemos que a responsabilidade em receber aquilo que não desejamos é do ego que deseja determinar o que devemos ou não receber, julgando os fatos.

A oração não é uma imposição de nossa vontade, é a entrega dessa vontade para quem tem a força para permitir a realização desejada.

10º Passo: aprendendo a andar sem medo

Questionamos e aprendemos o que não é Amor. Agora, vamos nos dedicar a viver no que ele é. Para viver o que ele é, precisamos aceitar que já somos parte dele.

Nesse momento, tudo o que o ego ainda pode fazer para nos desviar do caminho, ele fará, colocando em nossa frente todas as ilusões que nos faziam delirar. Os vícios, os desejos de posse, as idolatrias e toda e qualquer tentação que, antes, nos fariam trocar a Paz por ela, podem surgir em nossa mente e, como consequência disso, em nossa vida.

Vamos nos sentir confusos, oscilamos em ceder à ilusão e perder a Paz; ou aceitar continuar no aconchego que o Amor nos oferece.

Para nos manter no aconchego do Amor, devemos nos voltar para a Essência e olhar para o que está sendo apresentado a nós como sendo nada mais do que uma ilusão, a qual nada significa diante da grandeza do Amor.

Aprendemos, por meio do livro *Um Curso em Milagres,* que todas as dificuldades (doenças e faltas) advêm da errônea ideia de sermos separados uns dos outros e do Criador e, dessa forma, negamos o nosso Espírito. Ficamos curados desses males quando negamos a separação, aceitando a unidade que somos – e isso nós fazemos sempre que não julgamos nada nem ninguém, mesmo diante de casos extremos, quando aparentemente poderíamos ter um julgamento definido.

Devemos nos voltar ao nosso Guia e entregar a ele o nosso desejo de não julgar, passando a aceitar o Amor e viver com a sua presença em nós. Assim, negamos a separação e damos ao outro as dádivas de liberdade que Cristo nos deu. Só o Divino tem o poder de julgar qualquer situação, obtendo a cura das ilusões que nos fariam perder a Paz.

Retornamos, assim, ao caminho que nos leva para junto do Amor e, com ele em nós, a culpa e o medo não terão lugar.

CAPÍTULO 8
10 PASSOS PARA DESFAZER A FALTA DE PERDÃO

Aprendemos sobre o desfazer da culpa e do medo. O desfazer desses sentimentos nos levam para junto do Perdão.

Como costumamos direcionar a busca pelo Perdão para determinadas pessoas – que o UCEM chama de idolatrias – e, se ainda estamos esperando pelo Milagre, de certa forma, podemos nos sentir insatisfeitos. Ao mesmo tempo, percebemos nos sentir muito melhor do que antes de aprender sobre o medo e a culpa, mas o sentimento de falta de algo ainda se mantém.

Passamos a nos relacionar de tal forma com as pessoas em geral que nos sentimos agradavelmente surpresos. Percebemos, então, que o desfazer da culpa e do medo fazem grande diferença na pessoa que passamos a ser. Tornamo-nos mais flexíveis, agradáveis e disponíveis, e atraímos para o nosso convívio pessoas que amamos e vamos perceber que elas refletem as qualidades que desenvolvemos.

E a falta de algo? Se ainda sentimos essa sensação, é porque não estamos realizados com quem descobrimos ser, e isso significa que ainda não nos perdoamos e *precisamos* de ídolos e idolatrias para nos completar.

Quando negamos a separação que pensávamos existir, passamos a oferecer a todos as dádivas da liberdade que Cristo nos deu. Somos livres e o Amor que sentimos nos faz ter a certeza de já ser possuidor de tudo o que desejamos. Assim, passamos a querer que a humanidade tenha o que nós nos permitimos ter, iniciando com o sentimento de plenitude presente em nós.

1º Passo: o desfazer do ego

Não é uma tarefa fácil o desfazer do ego. Ele é hábil em suas manobras para se fazer de útil, pois não quer ser desfeito. O que precisamos compreender é que o seu desfazer não é o desfazer da vida. Ao contrário, é o nascimento de uma verdadeira vida, sem ilusões e idolatrias, sem culpas e medos. Uma vida plena e cheia de Amor.

Para que o ego deixe de ter força sobre nós devemos parar de alimentá-lo, ignorando as exigências que o mantêm atuante. Não se trata de desconsiderá-lo por ser menos. O ego é uma ilusão. E ilusão é nada, não é mais e também não é menos.

Quais são as exigências que mantêm o ego atuante?

São as nossas cobranças com a manutenção da imagem que fizemos de nós mesmos. O perfeito filho de Deus que somos é o nosso Espírito. E é nele que devemos estar atentos, procurando atender os seus anseios, que são sempre no sentido de nos fazer evoluir.

A perfeição material que desejamos jamais será atingida por meio do ego. Ele não fica satisfeito, porque, como uma ilusão nossa, reflete a nossa insatisfação interior.

Começamos a nos sentir plenos quando nos voltamos para o nosso interior, e, aos poucos, o nosso olhar para fora refletirá essa plenitude, desfazendo aquela necessidade de perfeição.

Voltar-nos para o Divino Espírito, nosso Guia, oferecendo a ele o comando de nossos atos no desenrolar do dia, pedindo que ele escolha sempre que sentirmos medo ou dúvida, quando julgamos e sentimos raiva, quando vemos injustiça em qualquer situação e também quando não conseguimos perdoar, reduzirá significativamente força do ego.

Na continuidade dessa atitude de entrega, o ego será sobreposto pela Essência, quando passamos a viver a nossa existência a partir dela, sentindo, então, a verdadeira alegria de viver.

2º Passo: aceitando a nossa cura

Quando aceitamos o desfazer do ego, estamos nos curando da culpa e do medo. É assim porque são, basicamente, esses sentimentos e suas formas derivadas que dão vida ao ego.

Passamos por momentos de conflito, quando há um movimento interior que não nos permite seguir pelo caminho que trilhávamos anteriormente. Perceberemos que algo está acontecendo conosco e não sabemos mais como lidar com isso. Trata-se da culpa e do medo, travestidos em algum outro sentimento, que querem continuar o seu reinado em nossa existência.

Estando mais seguros do que queremos, habilmente, vamos entregar esse desconforto ao nosso Guia. Em seguida, entregamos, também, os nossos segredos, abrindo a porta e convidando-o a entrar, pedindo que leve as nossas trevas à Luz. Os segredos que ocultamos de nós mesmos são os motivos de nossas dificuldades e decepções, enfim, das nossas criações negativas.

A cura dá-se quando a separação é negada e nos sentimos unidos ao Criador e às criações. Para tanto precisamos nos livrar das criações negativas, ou seja, das criações do ego. Tudo o que acreditamos vir diretamente da matéria deve ser questionado para entender que só há uma forma da matéria existir, só há uma mente capaz de criá-la, a do Criador do Universo.

A partir dessa compreensão, entregamos a este poder tudo o que desejamos. Esse ato de Fé fará com que o que precisamos ou pedimos nos seja dado de forma simples e segura. Nada será tirado de alguém para que possamos ter, pois sabemos que o que é de Deus é de todos e é devido a todos.

A simples mudança na forma de fazer nossas criações fará toda a diferença no momento em que recebemos os nossos pedidos. Quando entregamos as nossas escolhas ao nosso Guia, é como se estivéssemos passando por um filtro. O que merecemos nos será dado. E como sabemos que o Divino não julga nem condena, tudo o que nos sentimos merecedores nos será concedido.

A compreensão de que recebemos aquilo que o Criador também quer desfará a culpa e o medo. E ao receber como uma dádiva, como um Milagre, não desfaremos o nosso ganho.

Infelizmente, as dificuldades que criamos durante a existência advêm do fato de lutarmos para obter ganhos e, por sentir culpa e medo, desfazemos esses ganhos e sofremos com as perdas, julgando-as como um castigo pelos nossos pecados. O Criador não nos vê como pecadores, somos nós quem nos julgamos assim.

Para deixar de agir assim, criando perdas e sofrimentos, devemos entregar os nossos desejos de criação ao Guia Divino, que é o elo com o Criador e, certamente, seremos atendidos sem, no futuro, precisar repetir o mesmo pedido.

Aceitar a cura é aceitar a nossa união com o Criador e Suas criações. É negar a separação. É aceitar que somos merecedores das dádivas reservadas a nós. É transformar mágoas em Milagres.

3º Passo: aceitando a paz que a cura oferece

Estar curado é estar completamente em Paz. Entretanto, a Paz jamais é alcançada sem Fé. Tê-la é envolver todas as pessoas indistintamente.

Se limitamos as pessoas, limitamos, também, a nossa Fé, e aí, a nossa dedicação não será completa. Quando olhamos um irmão que percebemos necessitar de cura, devemos oferecer-lhe a Fé, entregando-o ao o nosso Guia e liberando-o de todas as exigências que o ego faria.

Dessa forma, vemo-nos unidos a ele e, nessa união, nós o tornamos íntegro. Isso é cura. O corpo é curado, porque viemos sem ele e nos unimos à mente, na qual há todo o poder de cura.

O corpo não necessita de cura. A saúde ou a doença depende inteiramente de como a mente percebe o corpo e de qual é o propósito que se quer dar a ele. Quando uma parte da mente se vê separada da mente universal, utiliza o corpo como uma arma para demonstrar o fato de que somos separados. O corpo passa a ser um instrumento da ilusão, agindo de acordo com ela, comportando-se de maneira insana, pois é aprisionado pela insanidade.

A falta de Fé conduz diretamente às ilusões. É a percepção de um irmão como um corpo, e o corpo não pode ser usado para os propósitos da união. Quando vemos um irmão com um corpo, estabelecemos uma condição, na qual unirmo-nos a ele seja impossível. A nossa falta de Fé nos separou de nosso irmão e não permitiu a cura; nem a nossa, nem a dele. Dessa forma, a nossa falta de Fé se opôs ao propósito de nosso Guia, trazendo ilusões centradas no corpo, que se interpuseram entre nós e nosso irmão, mantendo a separação, impedindo a cura e, consequentemente, a Paz.

A falta de Fé limita e ataca, mas a sua presença ajuda a remover as limitações e o alcance da integridade. A falta de Fé destrói e separa, a sua presença une e cura. A falta de Fé interpõe ilusões entre o filho de Deus e seu Criador, a Fé remove todos os obstáculos que parecem surgir entre eles. A falta de Fé está ligada totalmente às ilusões; e a Fé à Verdade. Não conseguiremos jamais nos dedicar a ambas as situações, pois a falta de Fé se relaciona com o corpo e se utiliza do ataque, enquanto a sua presença leva à cura e, portanto, apela para a mente e não para o corpo.

Não conseguimos ver como é grande a devastação causada pela falta de Fé, porque ela mesma é um ataque que parece justificado pelos resultados. Negando a Fé, nos vemos como indignos dela, e não somos capazes de olhar além das barreiras, para o que está junto de nós.

Ter Fé é curar. É sinal de que aceitamos a cura para nós mesmos e, portanto, queremos compartilhá-la. Escolhemos não olhar para os erros que nosso irmão cometeu no passado. Livremente, escolhemos, olhando além das barreiras, ver-nos, a nós e a ele, como um só. Nele vemos nossa Fé plenamente justificada.

A Fé é o oposto do medo. Ela é parte do Amor, enquanto o medo, do ataque. A Fé é o amável reconhecimento da união. Através dos olhos da Fé, o Filho de Deus é visto já tendo sido perdoado, livre de toda a culpa que colocou sobre si mesmo. A Fé só vê o momento presente, não vê o passado para julgá-lo. Ela não vê através dos olhos do corpo, nem olha para os corpos em busca de justificativa para si mesma.

A graça não é dada ao corpo, mas à mente. Vamos, juntos, ao altar que Deus ergueu a si próprio e a nós, para ver o Milagre do nosso relacionamento, tal como foi refeito através da Fé. É lá que vamos ver que não existe nada que a Fé não possa perdoar, pois os mensageiros do Amor fazem o que são enviados a fazer, trazendo a boa nova de que nós e nossos irmãos estamos juntos, livres, curados e íntegros (texto com base no Cap. 19, Alcançar a Paz, *Um Curso em Milagres*).

4º PASSO: REVENDO AS NOSSAS RELAÇÕES

Na busca pelo Perdão, vamos receber muitos presentes. Como estamos habituados a direcionar nosso pedido de Perdão a alguém especial, costumamos não perceber a mudança interna que está ocorrendo conosco. Mas, desta vez, estamos centrados em um aprendizado que mudará toda a nossa estrutura de pensamento. Não vamos mais esperar que as respostas venham lá de fora. Elas virão de nosso interior. É de dentro para fora.

Antes de nos perceber perdoados pelo nosso irmão, sentiremos que nós nos perdoamos. É esse o verdadeiro Perdão.

Os presentes que esse Perdão nos oferece vêm em forma de um relacionamento em completa integração conosco. Antes de relacionarmo-nos de forma fluida com as pessoas que consideramos especiais em nossa vida, vamos nos sentir assim internamente.

Esse entendimento dar-se-á no momento em que nos percebemos com um amplo domínio sobre os nossos vícios: as tentações que nos faziam delirar ao buscá-las, não brilham mais como antes. A comida é gostosa, mas na quantidade suficiente; a bebida também; o sexo será maravilhoso com quem descobrimos o Amor, sua atração não é mais para realizar um desejo físico instantâneo, ele servirá de base em um relacionamento que nos fará evoluir. As aquisições materiais estarão voltadas a atender as nossas necessidades reais, e não mais para ostentar e representar um poder externo.

Perceberemos, novamente, que a solução dos problemas se dá primeiro no Espírito, para então, trazer resultados práticos no nosso dia a dia.

Devemos nos relacionar de forma fluida (espiritual) com nós mesmos, para, depois, fazer o mesmo com os nossos relacionamentos. Se não estamos seguros em aceitar e entregar para correção ao nosso Guia aquilo que erramos, como podemos esperar que conseguiremos fazê-lo com os nossos relacionamentos especiais?!

Quando nos perdoamos, não significa que passamos a agir com tal perfeição que não mais erraremos. Isso acontecerá de maneira reduzida, mas continuará ocorrendo e, se julgarmos, sentiremos raiva, que nos levará à falta de Perdão que, por sua vez, trará a culpa e, em seguida, o medo, fazendo retornar o círculo vicioso que tanto nos fez sofrer.

Para mantermo-nos em contato com a nossa Essência, dando-lhe o comando de nossa vida, devemos estar atentos e dispostos a chamar pelo nosso Guia continuamente, entregando-lhe nossas dúvidas, medos e julgamentos, pedindo a correção de qualquer equívoco, nosso ou de outra pessoa.

5º Passo: aprendendo sobre o sofrimento

Quem é o responsável pelo nosso sofrimento? Se colocarmos que a responsabilidade é apenas nossa, a aceitação é difícil, pois sempre estamos vendo o motivo do sofrimento com algo externo a nós. Quaisquer que sejam os fatos que nos fazem sofrer são sempre advindos de algo com o qual não sabemos lidar, como alguma situação complicada que dependeria de outros para a sua solução ou alguém com quem queremos manter um relacionamento, mas não corresponde. A seriedade e intensidade do sofrimento são compreendidas apenas pelo sofredor. Olhamos para esse sofrimento com diversos níveis de intensidade e seriedade. Em alguns momentos, o vemos como mais complexo, e, em outros, menos. Mas a ênfase é a mesma: é o mundo nos machucando. Estamos sendo injustamente punidos por algo externo a nós. Somos vítimas de uma situação, não existe razão para assumir responsabilidade por algo que está sendo causado a nós. Não podemos interferir no livre-arbítrio das pessoas e, portanto, só nos resta continuar vítima e sofrer.

Só que, ao mesmo tempo, percebemos que estamos atacando a nós mesmos, pois somos nós quem carregamos esse sofrimento e não o algo fora de nós. Passamos a questionar sobre como nos livrar do sofrimento. Em alguns casos, nem pedimos a solução imediata, apenas queremos nos sentir livres da dor. Em busca de alívio, voltamo-nos para as habituais ilusões, sem nos dar conta de que aquele sofrimento também faz parte da ilusão de que alguém quer nos castigar, e que, possivelmente, merecemos tal castigo.

Na realidade, o sofrimento que estamos sentindo provém da culpa, e nunca estamos transtornados pela razão que imaginamos. Se nos aquietarmos, aceitando o sofrimento até ele se desfazer dentro de nós, poderemos ter uma compreensão diferente daquela que imaginamos estar nos levando a sofrer. O livro *Um Curso em Milagres* ensina que podemos escapar desse sofrimento, pois a sua fonte não está fora de nós. Tudo o que precisamos é olhar para o problema; não da forma como o tínhamos colocado, mas como ele é*: Isso eu fiz a mim mesmo e quero desfazer.*

Significa que vamos nos desfazer da culpa, que é quem criou o problema. Para nos desfazer da culpa e consequentemente do sofrimento devemos assumir a sua criação, que é a errônea ideia de separação, e essa ideia se mantém porque acreditamos nela. A prova de que nos sentimos separados uns dos outros e do Criador é o fato de acreditar que o sofrimento e sua solução devem vir de fora de nós.

Ao tentar uma solução através do raciocínio que estamos habituados, ficamos sempre mais confusos. A única forma de obter clareza é através da entrega ao nosso Guia: colocando com Fé e confiança o desejo de desfazer o sofrimento, repetindo, para nós mesmos e para o nosso Guia, que o sofrimento que estamos sentindo foi criado por nós, e é isso que queremos desfazer.

O alcance desse entendimento é a base para a realização dos Milagres que desejamos. Assim, compreendemos que o sofrimento e as nossas perdas nada mais são do que formas que o ego criou para provar a separação.

A aceitação de que somos um só Ser, em unidade com todos os aspectos da criação, ilimitados em poder e Paz, propicia-nos a certeza de que o desfazer do sofrimento e da sua causa já se realizou. Nós julgamos os efeitos, o nosso Guia, a causa e, através do julgamento do nosso Guia, os efeitos são removidos.

O segredo é apenas esse: nós fizemos isso a nós mesmos, não importa a forma, quem nós colocamos como inimigo ou agressor, seja o que for que pareça ser a causa de nosso sofrimento, essa é a Verdade.

Vamos compreender que os Milagres refletem a simples declaração: "Eu mesmo fiz isso, e é isso que quero desfazer" (*Um Curso em Milagres, cap. 27, p. 631*).

6º Passo: aprendendo a viver sem sofrer

Todos nós queremos viver sem sofrimento. Quando conseguimos nos libertar dele, damo-nos conta de que não é simples seguir adiante sem, novamente, buscá-lo.

O sofrimento parece dar vida. Quando o afastamos totalmente, sentimo-nos atrapalhados, como se algo faltasse e, rapidamente, o ego entra em atividade, procurando preencher esse espaço.

De que forma percebemos o ego querendo retomar o sofrimento?

Quando percebemos que deixamos de acreditar em algo que víamos como positivo e bom, passando a acreditar no negativo. A causa do sofrimento está em nossa mente.

A inocência, que retorna para nossa mente quando voltamos a aceitar o positivo e bom existente em tudo, é que desfaz o sofrimento. Essa inocência é abalada sempre que precisamos de sinais de aprovação externa para continuar acreditando no positivo. Devemos ficar felizes, pois somos nós quem decidimos o nosso destino. Para que a realização positiva aconteça, a ênfase que colocamos no lado externo deve ser deixada de lado. Não existe nada fora de nós, tudo o que vem a nós parte do nosso interior e da nossa mente. O que vemos fora já é o resultado dessa criação, portanto, para mudar ou fazer o novo, devemos nos voltar para o positivo, sempre, mesmo que o olhar para fora nos mostre situações contrárias ao que desejamos. A força que o nosso interior emana através do positivo tem poder de renovar e recriar qualquer situação.

O sofrimento é desfeito no momento em que o nosso pensamento muda. Não dependemos de resultados para parar de sofrer. O resultado será consequência do sofrimento já desfeito.

Aprender a viver sem sofrimento é mudar a nossa mente do negativo para o positivo. É valorizar a inocência, a certeza e a Fé no Ser.

7º Passo: desfazendo a idolatria

Um ídolo é uma forma de conseguir mais, não importa se é amor, dinheiro, felicidade e até dor. A nuvem da idolatria nos faz pensar que, ao obtê-la, os nossos problemas deixarão de existir, assim como o sofrimento que estamos sentindo. Dificilmente nos damos conta de que é a idolatria (necessidade de determinadas conquistas) a causa de tanto sofrimento.

Pensamos: quando atingir aquele objetivo, estarei pleno e realizado. Na verdade, a plenitude e realização são *sentimentos* e não dependem de atingir este ou aquele objetivo. Passamos a sentir essa plenitude quando percebemos que não dependemos das conquistas para estar assim. A plenitude é um estado de Ser. Atingindo-a, nossas metas acontecem naturalmente.

Quando pensamos em nos desfazer das idolatrias, entendemos, em primeira mão, que devemos desistir de todos os nossos objetos de desejo. Não se trata disso, precisamos apenas desfazer a nuvem que está diante do objeto, que é a culpa – vinda da errônea ideia da separação. Sentimo-nos indignos de ter o que desejamos, porque não nos vemos como iguais aos outros, pensamos ser mais ou menos, nunca igual. Esse impasse, que gera ansiedade e sofrimento, pode ser desfeito de maneira simples, mas exige uma grande dose de aceitação e Fé: *devemos não julgar, não fazer nenhum tipo de julgamento, assim, não sentiremos medo do julgamento que poderia ser feito a nós, já que não estamos julgando ninguém.* Para conseguir isso, precisamos entregar qualquer possibilidade de julgamento ao nosso Guia, deixemos que ele julgue. Quando recebemos o que pedimos, sendo através dele, o medo e a culpa não estarão presentes para dar alento à idolatria. O poder para ter o que desejamos vem do nosso

Espírito Divino, e seremos gratos ao Criador, deixando de fortalecer o ego.

A construção de um relacionamento *real* com o Espírito Santo desfaz a necessidade de ídolos e idolatrias. Isso acontece porque aprendemos os atos de aceitação e da entrega, que nos faz sentir a Paz, aos poucos, nos sentimos plenos e realizados e, a partir de então, receberemos nossas conquistas sem alardes e euforias.

8º Passo: A certeza do desfazer da idolatria

"Sempre que sentires medo, sob qualquer forma – e tu estás amedrontado se não sentes um profundo contentamento, uma certeza de seres ajudado, uma calma segurança de que o Céu vai contigo – estejas certo de que fizeste um ídolo e acreditas que ele vai trair-te. Pois, por trás da tua esperança de que ele vai salvar-te, estão a culpa e a dor da autotraição e da incerteza, tão profundas e amargas que o sonho não é capaz de ocultar completamente todo o teu sentimento de perdição. A tua autotraição tem que resultar em medo, pois o medo é julgamento, levando com certeza à busca frenética de ídolos e da morte" (*Um Curso em Milagres*, cap. 29, p.671 e 672).

Ao retornarmos ao nosso dia a dia, atentos ao desfazer das idolatrias, vamos perceber o quanto elas interferem na nossa Paz. O medo que sentimos pensando que algo pode não dar certo é resultado delas. Tememos enfrentar determinada situação por acreditar que vamos sofrer se não obtivermos o resultado desejado. De fato podemos não obtê-lo, mas não precisamos sofrer e isso o desfazer da idolatria nos permite. Agora não mais pela ótica do ego, quando tentávamos deixar de sofrer por meio da raiva e do ataque, buscando uma nova idolatria, e sim pela ótica do Amor quando compreendemos que se algo ainda não está ocorrendo como desejamos é porque nós mesmos fizemos isso e, agora, queremos desfazê-lo.

A solução dos problemas dá-se, primeiro, no nível do Espírito, para, então, obtermos resultado prático. É hora de não julgar e entregar ao nosso Guia o julgamento e a solução que buscamos. Assim, aceitamos o verbo de Deus e vivemos através dele. Não há limites para a Paz, alegria e todos os Milagres que irão advir dessa nova e especial maneira de viver.

9º Passo: o perdão completo

Vivemos em um mundo de ilusões. No decorrer da existência, percebemos realizações e o desfazer delas. Nada, nesta passagem, é eterno. O único sentimento que se mantém é o Amor. Mesmo que não percebamos estar sentindo-o, sabemos que o queremos e continuamos em busca dele.

O Perdão completo é a aceitação dessa irrealidade do mundo. Passamos, então, a olhar para as mudanças constantes que estão ocorrendo e não mais nos abalamos ou enaltecemos com elas. Percebemos ser apenas ilusões.

O imutável em nós é o sentimento de Amor e, a partir do momento em que nos sentimos perdoados, filhos do Amor, não permitimos mais a presença do desamor em nós, não importa qual a situação que estamos vivenciando.

Sentimo-nos perdoados quando olhamos para o outro e desejamos que ele viva a vida que nós queremos viver, que usufrua do que nós queremos usufruir, que tenha a alegria que nós queremos ter, que tenha a saúde física que almejamos, a riqueza material que desejamos para nós, que viva o relacionamento afetivo intenso e equilibrado que nós desejamos. Assim, estaremos dando as dádivas, os Milagres que recebemos.

Aprendemos, então, que o Amor incondicional só é possível quando perdoamos completamente. Então, soltamos as correntes que nos mantinham presos e saímos verdadeiramente da prisão do apego, da dependência e da idolatria. Sentimentos decorrentes do medo e da culpa.

Sentimos, agora, que podemos conviver com o nosso irmão sem precisar dele, sem exigir, sem controlar e sem julgar nenhuma de suas atitudes. Simplesmente, aceitando-o e amando-o verdadeiramente pelo Ser que é.

As atitudes de bom caráter e dignidade, já sedimentadas em nós, permitirão um convívio em perfeita harmonia e Paz. Descobriremos a alegria de olhar para todos com a transparência que a sabedoria permite e, assim, conseguiremos enxergá-los através dos olhos da Alma.

10º Passo: O NOVO COMEÇO

Inúmeras são as formas que nos ensinam para o recomeçar. Devemos nos desfazer daquilo que nos deixa infelizes e renascer, iniciando uma nova vida, fazendo novas escolhas, descobrindo o brilho e a alegria de existir.

Durante muitos anos, tentei, sem sucesso, essa mudança e renascimento. Somente, agora, por meio dos ensinamentos do livro *Um Curso em Milagres*, compreendi aquilo que, de tantas formas, eu já havia escutado: é através da descoberta de quem somos verdadeiramente que atingiremos a Paz e a plenitude.

Tudo o que empreendemos com firme confiança, certos de estar sendo ajudados, não tem como falhar. Para que essa certeza não seja abalada, precisamos, repetidamente, pôr a nossa confiança onde ela realmente deve ser colocada. Para tanto, devemos ter em mente algumas regras que servirão como base de apoio nesse caminhar em direção ao objetivo traçado.

CAPÍTULO 9
REGRAS PARA DECISÕES

Estamos continuamente tomando decisões, mas nem sempre sabemos que as estamos tomando. Na verdade, nunca decidimos por conta própria, estamos sempre nos aconselhando. A única escolha que devemos fazer é com quem devemos nos aconselhar: se com o ego ou com a Essência. Os conselhos do ego são automáticos, não é necessário nenhum esforço. Mas, ao optar pela Essência, devemos contar com o apoio seguro do nosso Guia, o Divino Espírito Santo, dirigindo-nos a Ele, atentos, sem criar tensão.

Ao acordar, pensemos no dia que desejamos ter, o que queremos sentir e o que queremos que nos aconteça. Há um caminho para que o dia aconteça exatamente da forma que imaginamos.

Decidimos o dia que queremos, assim como o que desejamos para a nossa existência, e agora sabemos que o que nós queremos, o Criador também quer. Portanto, é Nele que depositamos a nossa Fé para as realizações que desejamos e é a Ele que devemos entregar também as decisões sobre o que faremos durante o nosso dia.

Usemos o seguinte enfoque:

"*Hoje eu não tomarei decisões por minha conta*" (Um Curso em Milagres, cap. 30).

Decidimos o dia que queremos, mas não decidimos como ele vai acontecer. Aceitaremos o seu desenrolar sem julgar os acontecimentos, assim, não vamos reagir negativamente quando os fatos se sucederem.

O que impede o desenrolar de situações que levam à concretização do ideal são os sentimentos negativos que sempre despertam em nós quando os acontecimentos não correspondem àquilo que nós decidimos que deveria acontecer para chegar à realização do ideal.

A condução Divina realiza-se por meio de sentimentos de Amor, portanto, quando permitimos a entrada do desamor em nós, sentindo raiva, mágoa ou depressão, impedimos a sua ação, bloqueamo-nos e nos afastamos do nosso propósito.

Contudo o Amor é flexível, disponível e sempre pronto a perdoar, ou melhor, nem nos julga, basta que desejemos rever os nossos sentimentos e voltar atrás, para que a retomada do caminho se dê novamente por meio dele. Para tanto, voltemos a repetir o processo: pense no que desejas para o dia, os sentimentos que quer ter, as coisas que quer que aconteçam e diga: *"Se eu não tomar nenhuma decisão por mim mesmo, esse é o dia que me será dado"*.

Assim, utilizando-nos dessas duas frases, seremos orientados sem medo pelo nosso Guia, o Divino Espírito Santo, pois não permitiremos a entrada de sentimentos que se opõem à realização do que desejamos.

Vamos compreender, também, que a não entrega ao Guia das decisões que devemos tomar é o mesmo que lutar contra nós mesmos. Devemos querer conhecer a nossa verdadeira vontade através dele, pedindo a ele que conduza o nosso dia e, consequentemente, a nossa vida.

Da mesma forma, certificamo-nos de que é impossível que sejamos impotentes diante do que nos é feito. Os acontecimentos que vêm a nós são escolhas nossas, nosso poder de decisão é determinante em qualquer situação que nos encontramos.

Se sofremos, é porque nos sentimos culpados, se somos felizes, é porque damos o poder de decisão àquele que tem o poder de decidir por Deus através de nós.

A linguagem da Alma

Conflitos fazem parte da nossa existência. Tudo o que queremos é Paz e, para isso, pensamos que devemos resolver os conflitos que surgem.

Passamos a existência resolvendo-os e, à medida que solucionamos um, outro aparece. A falta de Paz é constante e não sabemos onde encontrá-la. Somos atingidos por inúmeros tipos de cobranças, tanto de ordem econômica e profissional como familiar, social e sentimental.

A compreensão da linguagem da Alma soluciona os conflitos e nos conduzindo pelo caminho do Perdão, realizando Milagres. A Paz e a plenitude sonhadas entram pela nossa porta e não nos deixam mais. Passamos a entender que a nossa existência tem sentido e vale a pena, que não estamos aqui só de passagem e que somos, sim, uma grande contribuição para a evolução da humanidade.

Para cumprir a nossa missão, devemos interagir com Amor, para tanto, utilizando-nos de todos os recursos de caráter e dignidade que já possuímos internamente.

A linguagem da Alma é o entendimento de que possuímos uma força interna e que devemos colocar os mandos da Essência acima dos mandos do ego. Trata-se de uma verdadeira guerra interna, e só é possível obter sucesso com muita Fé no Criador e persistência.

Depois de um período de intensa busca, finalmente, compreendi que é para a Essência que devemos nos voltar, se quisermos ter plenitude e alegria constantemente.

O livro *Um Curso em Milagres* refere que nos foi colocado à disposição o Divino Espírito Santo, para que o consultássemos sempre que quiséssemos. Ele é o nosso amigo e está sempre em nós, mas como possuímos o livre-arbítrio, não interfere sem a nossa solicitação. Por isso, precisamos sempre lembrar quem somos, filhos perfeitos do Criador e nossa ligação com Ele é feita através do Espírito, bastando voltar o nosso pensamento ao nosso Ser Divino.

Quando a Essência passa a sobrepor o ego, sentimos a Paz tomar conta do nosso dia a dia, assim, obtemos incontáveis ganhos, tanto pessoais como familiares e profissionais. Com absoluta certeza, afirmo que vale a pena fazer essa mudança no comando de nossas vidas.

Essência

"É o que constitui a natureza das coisas; substância; perfume" (Dicionário da Língua Portuguesa, ed. Melhoramento).

É o que temos de melhor, do que fomos constituídos, sendo o que verdadeiramente somos. O nosso Ser Divino criado à imagem e semelhança do Criador.

Se lembrarmos do que sentíamos nos primeiros anos de vida, a confiança que tínhamos em tudo e todos, mesmo vulnerável e à mercê do estado de ânimo dos adultos, embora suas atitudes fossem, às vezes, agressivas, ainda assim confiávamos. Sabe por quê? Porque ainda nos amávamos! E, dessa forma, amávamos a todos e confiávamos!

E por que não continuamos assim, confiantes e indiferentes às agressões que nos rodeiam? Por que não continuamos a amar e confiar, mesmo observando os ataques existentes no nosso dia a dia? Por que nos sentimos tão atingidos? Por que reagimos da mesma forma e geramos mais agressão?

Porque deixamos de amarmo-nos. Perdemos o contato com a nossa Essência, ficamos perdidos e não encontramos o caminho de volta. As poucas vezes que procuramos por ela, algo ou alguém também perdido nos convence a ficar onde estamos e a afastarmo-nos ainda mais dela, muitas vezes, reforçando nossas atitudes de raiva, mágoa e revolta.

Infelizmente, poucas são as situações ou pessoas que, verdadeiramente, aproximam-nos da Essência, acalmando-nos e trazendo Paz.

Se escolhêssemos, em todas as situações em que nos sentimos atacados, olhar para o agressor entendendo que esse ataque se refere a ele próprio, que está reagindo às suas mágoas e frustrações, que nos ataca como se estivesse vendo a si mesmo em um espelho, não seria extremamente mais fácil superar esse momento? Certamente, sofreríamos muito menos.

Se é necessário voltar à nossa primeira infância para nos sentir calmos e em Paz, como podemos fazer isso? Não estamos mais com três ou cinco anos, então, como poderemos confiar sem parecer infantil, sem que nos tomem como adultos bobos ou ingênuos?

O segredo está em permitir que a Essência se sobreponha ao ego, abandonando-o!

Ego

"É uma tentativa de mentalidade errada para perceber a ti mesmo como deseja ser ao invés de como és" (*Um Curso em Milagres*, livro texto, p.44). É o Ser menor, aquele que a mente criou quando pensou ser separada da mente criadora e das outras mentes.

O ego é a nossa parte que luta, que se defende, que ataca e se sente atacada. É a parte que se enaltece, que se sente superior ou inferior, que busca, incessantemente, símbolos de riqueza e poder, que cria ansiedade e acaba por nos levar a sentir um vazio interior, nunca nos sentindo plenos, pois estamos trocando a nossa Essência por símbolos.

Como conseguir, então, que a Essência se sobreponha aos anseios do ego? Existem atitudes e sentimentos no nosso cotidiano que parecem naturais e espontâneos, mas, na realidade, foram ensinados com o objetivo de "nos preparar para a vida".

Aprendemos a não confiar, a não amar, a salvar primeiro o nosso, ou seja, ser egoístas. Aprendemos, enfim, a não ser verdadeiros. A repetição dessas atitudes vai fechando-nos, endurecendo e, infelizmente, colocando-nos num "beco sem saída". Por um lado, é o que sabemos fazer, pensamos estar nos protegendo, cuidando do nosso futuro, do nosso crescimento profissional e financeiro. Por outro, não nos sentimos felizes e não conseguimos saber o porquê e, a todo o momento, perguntamo-nos o que poderia nos tornar mais plenos, mais seguros: talvez, a conquista de um cargo superior? Um salário mais alto? Isso pode nos trazer felicidade, mas não a plenitude esperada.

Então, não podemos ter tudo? Riqueza, plenitude e Paz?

Sim, temos direito às conquistas materiais, mas devemos querer, também, a Paz e tudo o que de bom está junto dela.

Existe uma crença voltada à busca espiritual: ou somos ricos sem aflorar a nossa espiritualidade, ou pobres, remediados voltados a ela. Essa crença faz com que quem almeje riqueza não busque a Essência, como se ela o deixasse empobrecer e, quem quer evoluir espiritualmente, mantenha-se com uma vida de pouco conforto.

Nada mais sem sentido: a espiritualidade não nos empobrece, nem nos enriquece materialmente. A nossa crença é que nos coloca em uma ou outra situação. O nosso Espírito (Essência) é neutro.

Se optarmos por ter riqueza, entregando ao nosso Guia essa escolha, ele nos fará avaliar qual é o nosso conceito sobre quem já a possui, esgotando-os até que deixemos de julgar. É deixando de julgar o outro (os meios que o levaram a obtê-la, a forma como a utiliza, etc.), que nos permitiremos alcançar o nosso objetivo. O certo, para mim, pode não ser o certo para o outro e vice-versa. Existem, sim, atitudes ditadas pela ótica do Amor, e a nossa opção em utilizá-las nos trará como acréscimo ganhos que permitirão que tenhamos, também, Paz e plenitude. Mas, ao optamos em realizar por meio do Amor, devemos aceitar, perdoar e entregar, também, os meios que o outro optou. Nós não podemos julgar.

Antes de iniciar o aprendizado voltado à Essência, eu entendia que a Alma era algo que existia depois do corpo físico deixar essa existência, portanto, enquanto eu estivesse viva, fisicamente falando, ela não teria vida em mim. Minha preocupação era manter um determinado comportamento aqui para ter um bom julgamento quando partisse.

A compreensão era a de que tinha a obrigação de viver de acordo com as leis Divinas, com o objetivo de agradar a Deus e não a mim mesma. Viver de acordo com essas leis era algo chato e desagradável, visto que me sentia forçada a isso, pois, se assim não o fizesse, seria punida, antes e depois de partir.

Com essa crença advinda do pecado e de um deus punitivo e rancoroso, tudo o que fizermos, aqui, tem como base o medo. Amor e medo não coexistem, quando um entra; o outro retira-se.

Para que possamos entrar em contato com o nosso Ser, precisamos, necessariamente, aceitar que a nossa Alma faz parte de nós aqui, agora! Que devemos senti-la, ouvi-la e respeitá-la, não por medo ou obrigação, e sim por Amor ao Ser que somos verdadeiramente.

Por que existe tanta dificuldade em identificar o que realmente sentimos? Por que vivemos mudando de opinião, tomando atitudes que nos deixam infelizes?

Porque a voz que ouvimos é a do ego. Vivendo de acordo com os seus pedidos, estamos sempre em busca de algo e insatisfeitos. Nada nos preenche totalmente, lutamos muito para obter sucesso, e, quando ele chega, ainda nos falta algo, o vazio continua.

Para preencher esse vazio, que é o vazio da Alma esquecida, devemos voltar-nos ao nosso Ser e, por meio de um diálogo contínuo, alimentar a nossa Alma com atos de Fé e confiança depositados na Fonte criadora.

Por exemplo: ao perceber que algo não está correspondendo à nossa expectativa para que alcancemos um determinado resultado, é para o nosso Ser Divino que devemos nos voltar, confiando que ele saberá como mudar o negativo para o positivo. Somente nos será solicitado aceitar, perdoar e entregar a situação. Dessa entrega, virá uma reflexão e a compreensão do que estamos julgando e, com esse entendimento, seremos convidados a deixar de julgar, pois sempre que algo não flui, é porque julgamos o merecimento alheio e, junto com ele, o nosso. Ambos os julgamentos impedem a aceitação do *nosso* merecimento, impedindo a realização do ideal.

Quando restabelecemos a conexão com a Energia Criadora, por meio do diálogo com o nosso Ser e não de normas externas impostas, as atitudes de bom caráter e dignidade passarão a existir naturalmente, fazendo-nos experimentar Paz e plenitude.

Sem nos voltarmos para o Ser, nossa mente atende somente as solicitações do ego. E a Alma, que está esquecida, sofre, e, embora sem entender, nós sofremos também.

O ego, fortalecido pela cultura e valores próprios, dificulta o contato com a Essência, tornando-nos submissos às suas exigências desmedidas, aos seus mandos e desmandos, tanto o nosso como o coletivo, colocando-nos, frequentemente, em situações em que ele não consegue resolver, deixando-nos desamparados e com medo.

No momento de uma grave dificuldade, a Essência tem espaço para fluir, indicando o caminho da Fé, mas, infelizmente, somos ensinados a depositar a nossa Fé fora de nós, em algum ídolo ou um deus que estaria distante de nós e não em nós por meio do Ser que somos.

O ego é o lado que busca realizar através de atitudes de apego e dor. E que acredita na morte como o fim de tudo, que quer provar tudo e que tudo seja provado materialmente. É a parte que só nos traz sofrimento, ansiedade e medo, que se mostra poderoso, prepotente e arrogante, mas é covarde e fraco. É quem nos faz sentir encurralados, sem apoio, que lamenta e reclama o tempo todo, é inseguro e cheio de dúvidas. É o nosso lado que almeja ser um deus.

A Essência é a base de tudo, do nosso lado bondoso, calmo e seguro. Quando deixamos que ela aflore, tornamo-nos realmente fortes e com poder. Ela é o Amor agindo em nós e através de nós. Com ela, não temamos a morte, aceitamos a existência como uma passagem de grande e precioso aprendizado. Através dela, amamos e somos amados verdadeiramente. Com ela, realizamos tudo o que almejamos, mas pela ótica do Amor, sem prepotência e arrogância.

CAPÍTULO 10
RELATOS DO APRENDIZADO

Os textos que seguem descrevem situações que vivenciei no período inicial do despertar para o diálogo com a Essência.

ANGÚSTIA X PAZ

Enquanto procurava relaxar, ouvi uma voz bem no centro da cabeça que dizia: PAZ... Era suave, mas potente e ecoava como uma melodia: minha mente não sabia o que era Paz. Um turbilhão de pensamentos agitava-a e fazia com que eu saísse em busca de alguma exigência do ego. Para acalmá-la, medicava-me e tentava dormir alguns minutos, procurando reduzir a ansiedade.

Adotei algumas técnicas de relaxamento, ouvindo CDs que me conduziam nesse propósito, e procurei exercitá-las sempre que possível. A palavra Paz retornou algumas vezes e o recado começou a ser aceito. Lentamente, comecei a ter um maior discernimento e a concentrar-me melhor.

Entendi que a ansiedade resultava da pouca ou nenhuma importância dada à minha Essência, porque jamais a escutara.

A busca pela Paz é fundamental para quem inicia um processo de autoconhecimento. É necessário aquietar a mente física para ouvir o inconsciente, onde se encontra a nossa voz interior, a voz da nossa Alma, que faz a conexão com o Criador.

A ausência de Paz deve-se aos conflitos do ego com a Essência. Somos corpo, mente e Espírito, e devemos saciar, equilibradamente, cada uma das partes. A cultura ocidental, principalmente, preocupa-se muito com o alimento do corpo, dessa maneira, refletindo as necessidades do ego, tudo o que é material.

A mente é amplamente utilizada para realizar esses inúmeros e incessantes desejos. Como a referência é externa, nada é o bastante. Sempre existe algo que não possuímos e queremos ter. O recado do ego é que, com isso, ficaremos realizados. O vazio será preenchido e nos sentiremos seguros.

A real segurança vem de alimentarmos o Espírito, nos voltando a ele. Somos inseguros, porque essa parte extremamente importante é sempre deixada em segundo plano. Quando ouvimos o nosso interior, passando a vivenciar o que realmente nos realiza, percebemos a existência fluir, os sonhos concretizarem-se e a verdadeira segurança fazer parte de nós.

A referência, vinda do nosso interior, passa a ser nós mesmos. Buscaremos, também, a evolução espiritual e, com ela, os Milagres começam a acontecer, incluindo aqueles de ordem material. O vazio interior começa a ser preenchido e alcançamos uma sensação de plenitude nunca antes vivenciada.

Desigualdade x Igualdade

Durante grande parte da existência, pensei que era menos do que a maioria das pessoas. À medida que conquistei alguns êxitos admirados pelo grupo com quem convivia, tais como formação superior e relacionamentos com determinados grupos sociais, passei a pensar que era mais.

A dúvida era constante: na maior parte do tempo, sentia-me inferior e lutava para superar-me, o que levava, por alguns instantes, a considerar-me superior, logo, voltando a me sentir menos. Não importava o quanto havia conquistado em termos de estudo e condições materiais, a insatisfação era constante. Nada fazia com que me sentisse plena, faltava alcançar o sentimento de igualdade de forma contínua.

Como me sentir igual no meio de tantas desigualdades, convivendo, diariamente, com inúmeras delas?

Esse questionamento foi respondido em um sonho, onde eu mesma dizia para um pequeno grupo que reclamava, desolado, sentindo pena de si mesmo: "**todos somos iguais, nem mais, nem menos, simplesmente iguais**".

Acordei com essa frase ainda em minha mente. Procurei entendê-la, fixá-la e logo percebi que não se tratava de igualdade social, econômica ou mesmo cultural. Havia uma igualdade maior e percebi que era essa igualdade que me daria Paz.

Entrega

A dificuldade de entrega é muito grande. O ego, habituado a tomar decisões e se enaltecer com o resultado positivo, deprimir, culpar-se ou culpar alguém, pelos resultados negativos, estava sempre de prontidão, trazendo conflitos, confusão e impedindo a sabedoria da Essência de assumir o desenrolar dos acontecimentos.

Depois que abrimos a nossa Alma, não aceitamos mais os altos e os baixos das decisões do ego e queremos a Paz, as decisões acertadas e a evolução, tanto de ordem espiritual e material que a entrega nos oferece.

ENTREGAR é a aceitação de que tudo e todos são importantes, mas o Amor, que é o sentimento criador, está acima dessa importância. No momento da entrega, percebemos um esvaziamento da necessidade que estava presente em nós. Esse desinteresse é do ego. É a partir da desistência dele que a Essência assume o desenrolar para as realizações.

Medo x Amor

Durante toda a vida, tive muito medo. Medo das atitudes das pessoas, medo das minhas atitudes, medo de estar errada, medo de não saber, de ser julgada, criticada, enfim, muito medo de não ser aceita e amada.

Esse sentimento retraía-me e me encolhia. Para superá-lo, era impulsiva e me sentia criticada e julgada, diminuindo a minha autoestima.

Nunca estava segura das decisões, ficava torcendo para que dessem certo, gerando ansiedade, prejudicando, inclusive, a minha saúde física.

Descobri que o medo é um aliado do ego. Na verdade, ele existe para alimentar o ego e proteger a sua existência. Enquanto sentirmos medo, não sentiremos Amor, poderemos pensar que amamos, mas trata-se de necessidade de apoio e proteção.

Quando passamos a entregar as nossas escolhas e atitudes ao Espírito Divino, o medo, aos poucos, vai embora. É necessária uma grande quantidade de confiança e Fé: devemos deixar de querer saber *como* e o *que* fazer e ENTREGAR.

Para que a entrega supere o medo, precisamos acreditar que na Essência está a sabedoria necessária para nos orientar.

É diferente entregar-se com Fé e confiança de entregar-se por medo: na Fé e confiança, o Amor está presente. Já quando entregamo-nos por medo, é porque não acreditamos mais nas forças do ego e nos socorremos a um deus fora de nós, ou seja, entregamos para um ídolo e não para o nosso Ser.

O livro *Um Curso em Milagres* nos ensina que, quando nos identificamos com o medo, somos estranhos para nós mesmos. Ele desaparece completamente quando entendemos que somos como Deus nos criou para ser. Somos criados pelo Amor.

Se o Amor e o medo não podem coexistir, então, o estranho em minha existência é o medo, que é uma ilusão e deve ser desfeita. Nós somos reais, criados a partir do Amor e perfeitos filhos de Deus. O intruso é o medo.

Idolatria x Fé

Possuímos uma incrível capacidade de adorar ídolos, verdadeiros deuses que admiramos e acreditamos que possam nos ajudar a ser mais felizes. Essa idolatria está no dinheiro, poder e pessoas. Costumamos rezar, pedindo ao Criador para obter essas conquistas, pois pensamos que são elas que nos deixarão plenos. O ego luta desesperadamente para obtê-las, instigando a nossa vontade e acenando com uma felicidade que só será possível com a obtenção dessas escolhas.

O problema não está em buscar por elas, o problema é que sem procurar aflorar a nossa Essência, continuaremos infelizes, mesmo após ter obtido as conquistas!

Eu sempre quis ter Fé. O que eu não sabia é que ela devia ser depositada no Amor. Quando somos movidos pelo medo, a Fé está sendo depositada nele, portanto nos devolve a criação negativa que o medo gerou.

Sempre estamos tendo atos de Fé, mas não avaliamos onde a investimos. Se a investirmos no Amor, ela nos trará as suas criações.

A Fé, que parte da nossa vontade de nos conectar com a Alma, trará o que escolhemos e junto a isso a Paz para usufruir as nossas escolhas. A verdadeira Fé vem do nosso interior. Buscá-la fora de nós, dirigindo-a para os ídolos, cria uma ilusão de possível felicidade com a obtenção dos nossos desejos, mas é apenas isso: uma ilusão que se repetirá continuamente, em busca de uma plenitude que jamais será atingida dessa forma.

A conexão com o Criador é feita por meio do Espírito Divino, devemo-nos voltar a ele e entregar as nossas escolhas e confiar. Rezar para um deus separado de nós é um ato de idolatria. Quando as nossas atitudes partem da idolatria, acreditamos que algo ou alguém vai olhar, julgar e, se achar que merecemos, nos ajudará.

Ter Fé no Amor é ter certeza de que já estamos sendo ajudados, que não há julgamento para essa ajuda. Que as atitudes de caráter e dignas que partem da nossa Essência estão em harmonia com a Energia Criadora, realizando o Milagre que desejamos.

Portanto quem julga o nosso merecimento somos nós mesmos. O nosso Espírito não julga, nem pede que nos julguemos, pois ele sabe que somos uma extensão do Criador, feitos à Sua imagem e semelhança, dignos, íntegros e merecedores das nossas escolhas!

Ter Fé verdadeiramente é saber que já somos merecedores do que o Amor realiza, basta a nossa aceitação para que se concretizem.

Determinação e Confiança

Sempre soube que deveria ter mais determinação e confiança, mas entendia que deveria confiar em mim mesma e, por isso, havia momentos nos quais me sentia mais segura do que queria ou estava realizando, mas, no momento seguinte, a dúvida surgia. Bastava uma crítica, um comentário ou uma aparente dificuldade para que a minha autoconfiança desaparecesse.

As atitudes que tomava eram baseadas no conceito coletivo, uma orientação externa a mim. Existe uma orientação interna, vinda da Essência, basta que fiquemos atentos ao nosso interior, observando se algo que estamos nos propondo a fazer nos traz inquietação e mal-estar é provável que estejamos querendo agir sem Perdoar.

Aprendi que ser determinado exige fazer escolhas nos questionando sobre a importância delas, os porquês, qual é o seu real valor e, depois de compreendido, se ainda corresponderem à expectativa inicial, mantê-las. Para manter essas escolhas durante o tempo que levará para que cheguem a nós, é necessária a confiança. Não mais nas escolhas, pois estas já estão determinadas, mas sim na Força Divina que está nos conduzindo em direção a elas.

Durante o andar, surgirão possibilidades paralelas às escolhas feitas e nos sentiremos tentados a aceitá-las. Se assim o fizermos, manteremo-nos no ciclo do ego, pois não serão as escolhas feitas com base na Essência, mas em possibilidades que não nos preencherão totalmente, dificultando a chegada da que realmente desejamos para nós.

Ter confiança é agir conforme a orientação Divina e acreditar que tudo acontecerá da melhor forma. Saber que teremos o que é melhor para nós e para as pessoas que amamos, tendo a certeza de que, se estamos agindo de acordo com o melhor que existe em nós, só o melhor vai retornar. Como não sabemos, mas, certamente em um momento próximo, colheremos os frutos das nossas atitudes com base no Amor.

ÍMPETO X CORAGEM

Muitas das vezes que pensei estar sendo corajosa, na verdade, estava tendo atitudes baseadas na falta de confiança. Era impetuosa ao enfrentar determinadas situações. O ego enaltecia-se quando obtinha um resultado positivo e se acovardava quando negativo, reduzindo a minha autoestima.

A coragem sem a base essencial de apoio, a Fé na Força Divina que há em nós, é impetuosa e limitada. Para senti-la, verdadeiramente, devemos aceitar que é no Criador que confiamos e ter a certeza inquestionável de que essa Força está nos conduzindo e orientando. Quando depositamos nossa confiança Nele, como acréscimo, veremos que todos aqueles com quem nos relacionamos também estão sendo ajudados.

Para que a confiança esteja constantemente conosco é necessário ter claro que a Energia do Amor verdadeiro está acima de todas as forças, tanto das negativas como aquelas que consideramos positivas.

Quando aceitamos plenamente a presença de Deus em nós, todas as atitudes são atos de coragem e Amor que trazem evolução, tanto para nós como para aqueles com quem convivemos.

Só precisamos estar em Paz, vivendo de acordo com as atitudes de bom caráter e dignas vindas da Essência, para concretizar o que escolhemos com a serenidade que a sabedoria nos oferece.

Apego x Amor

Eu pensei que sabia amar. Apenas pensava que não sabiam "me" amar. Tudo e todos que eu amava pareciam se afastar de mim. Quanto mais queria trazê-los para perto, parecia que mais os afastava. O Amor que eu pensava sentir fazia com que eu me sentisse só e, muitas vezes, rejeitada. Essa situação gerava mágoa, raiva e culpa.

Agora, percebo que o Amor que eu pensava sentir era apego, ligado à necessidade de apoio e proteção, sentimento próprio de quem busca o Amor fora de si. Hoje, entendo que, para amar de verdade, é necessário me amar e, para isso, é preciso tomar consciência de quem sou verdadeiramente.

Enquanto não aceitarmos que somos uma só Energia, ligados à Energia Maior, sentiremo-nos sós e indignos de Amor. A aceitação da união com o Todo nos dá a visão de igualdade, indispensável para que possamos nos aceitar e amar.

Quando voltamos para o interior, através da meditação e da busca do autoconhecimento, descobrimos que o Amor já está em nós, e que não é necessário querer que algo ou alguém corresponda a esse sentimento para que possamos vivenciá-lo.

Fomos criados a partir do Amor e, portanto, somos Amor! No instante em que começamos a senti-lo, todo o medo, a raiva, a mágoa e a culpa começam a desaparecer. O medo, sempre presente em quem é apegado, dá lugar à confiança. Os relacionamentos, antes bloqueados pelos sentimentos restritivos, como a raiva, a mágoa e a culpa, passam a existir de forma livre e ampla.

Quando amamos verdadeiramente, entendemos que o que damos para os outros também nos é dado; que dar não é deixar de ter, é aumentar o que possuímos; que há abundância de Amor no Universo, traduzindo-se, também, no que é material. O que faz com que deixemos de dar e ter é apego, ou seja, o desconhecimento do Amor verdadeiro. Quando amamos verdadeiramente, sentimo-nos livres e não prendemos, liberamos.

Verdade e Autenticidade

Sempre gostei da ideia de ser autêntica. Entendia que autenticidade era a maneira que determinada pessoa agia, mostrando segurança na sua atitude. Quando procurei ser autêntica, encontrei inúmeros obstáculos: dúvida, medo de estar errada e de não conseguir bancar as consequências.

Descobri que, para ser autêntico, é necessário vivenciar a Verdade, sendo o que realmente somos, sem nos preocupar em agradar e ser agradados. Para tanto, precisamos, em primeiro lugar, conhecer qual é a nossa verdade, responsabilizar-nos por ela e pelas atitudes necessárias para vivenciá-la. No instante em que percebemos essa responsabilidade crescendo em nós, começamos a respeitar-nos e a respeitar a todos. Só diante desse respeito é que podemos ter atitudes autênticas, pois ser autêntico não é desrespeitar regras, mas respeitar a nós mesmos e aos outros por meio de atitudes dignas.

Para ser autêntico verdadeiramente devemos entrar em contato com a nossa Essência e aprender os valores da Alma. Agindo de acordo com eles, não há nenhuma possibilidade de prejudicarmo-nos ou prejudicar alguém.

Ao consultar a nossa Essência sempre que estivermos prestes a tomar uma atitude, passamos a ser autênticos. A segurança no nosso modo de agir e ser, vinda da Essência, abre as portas para conquistas e mentes para a evolução, permitindo um crescimento inimaginável.

Depressão x Perdão

Vivi grande parte da vida deprimida. Em algumas épocas, sentia-me mais e, em outras, menos. Tentava, como a maioria dos deprimidos, desfazer a depressão realizando os anseios do ego. A mola propulsora era a raiva e a falta de Perdão. No momento em que esses sentimentos faziam parte de mim, sentia-me com poder e força para seguir nas buscas do ego. Pensava poder passar por cima de tudo e de todos para alcançar tais objetivos.

Mas, felizmente, na maioria das vezes, a minha consciência fazia-me retroceder, questionando as atitudes que eu planejava ter. Então, a apatia característica da depressão voltava. Era um círculo vicioso que trazia muito sofrimento e parecia impossível de ser rompido.

Ao despertar, compreendi que a depressão que vivenciei se devia ao fato de ignorar a existência da Alma.

Como usualmente optava em realizar os anseios do ego, a possibilidade de despertar parecia ficar ainda mais distante e, dessa forma, a angústia e a ansiedade faziam-se presentes, mantendo a depressão.

Além disso, entendi que, quando alguém importante na nossa existência nos ignora, pensamos que, se a nossa Alma não possui importância para essa pessoa, ela também não é importante para nós. E essa ausência de Perdão nos faz seguir a existência, ignorando os chamados da Alma, mantendo a atenção nos objetivos do ego.

Atualmente, depois de viver anos sem mais me deprimir, pergunto-me como pude suportar uma existência deprimida? É, realmente, algo insuportável, então, perdoo-me por ter tentado desfazer essa dor me medicando e atendendo os anseios do ego.

Hoje, sei que o despertar para a Alma acontecerá a cada um de nós em um determinado momento. É certo que devemos querer esse despertar, mas não é correto nos culpar por ter vivenciado a sua ausência e ter procurado preencher o vazio que sentíamos de um jeito ou de outro. Ou, ainda, culpar o outro por procurar atender os anseios do ego em primeiro lugar. A nós cabe aceitar a existência da forma como ela apresenta-se, cada um de nós está vivendo aquilo que alcança viver. O Perdão, na forma que estamos aprendendo, faz exatamente isso: não julga, olha para tudo com os olhos do Amor, deixando ser o que é, sem dar força para as ilusões, mantendo o que realmente importa dentro de nós e no outro: o Amor verdadeiro e incondicional!

SOFRIMENTO X ATAQUE

Entender que o sofrimento é provocado por nós a nós mesmos, e não por uma situação externa ou alguém, é de difícil aceitação e introspecção, pois o hábito de culpar o outro é constante.

O livro *Um Curso em Milagres*, capítulo 27, lição VII, cita que *"o sofrimento é uma ênfase colocada em tudo aquilo que o mundo fez para te machucar. Aqui está claramente exposta a versão demente que o mundo tem do que seja a salvação. Como um sonho de punição, no qual o sonhador está inconsciente de que lhe trouxe o ataque a si mesmo, ele se vê atacado injustamente e por algo que não é ele próprio. Ele é vítima dessa alguma outra coisa, uma coisa fora de si mesmo, pela qual ele não tem nenhuma razão para ser responsabilizado. Ele tem que ser inocente, porque não sabe o que faz, mas apenas o que lhe é feito. Ainda assim, o seu ataque a si próprio continua evidente, pois é ele que carrega o sofrimento. E não pode escapar, porque a fonte do sofrimento é vista fora dele".*

Lembro-me de como sentia o sofrimento pelos fatos desagradáveis que aconteciam comigo, tendo ficado mais evidente quando já estava envolvida com o estudo da linguagem da Alma. Era algo insuportável. Pensar que eu estava fazendo existir esse sofrimento e que ele não era devido ao fato de que estava ocorrendo, parecia sem sentido. Mas, ao me voltar à pessoa ou situação que me faziam sofrer, percebia, de alguma forma, que não eram os responsáveis pela minha dor. Eu queria, sim, ser perdoada ou obter a solução de determinado problema, mas se não podia contar com o outro para isso, devia aceitar a nova compreensão que estava obtendo. Determinei-me a fazer isso através do Perdão ao outro ou da situação. Lembro, também, que já havia lido algo sobre "no problema está a semente da solução", então, pedia ao meu Ser que me mostrasse onde estava a semente da solução. Passei, então, a entender que, em primeiro lugar, vinha a responsabilidade: quando aceitava que partia de mim a solução e não de outro, já iniciava o processo. Em seguida, procurava entender o que eu deveria perdoar para que a solução fosse dada, assim, fazia uma relação com algo que me desgostava e percebia que, aí, era onde eu "prendia" o problema. Assim, entregava o meu desejo sincero de Perdoar esse algo que me desgostava e me era dada a oportunidade de olhar para a situação desgostosa e vê-la com os olhos do Amor, sem julgar.

Aos poucos, diante de um processo contínuo de responsabilidade e Perdão, o sofrimento deixou de existir. Embora dificuldades ainda se apresentem, a dor não vem com elas, e a solução, rapidamente, emerge da sabedoria vinda da Essência.

Dessa forma, aprendemos que somos nós mesmos quem estamos nos atacando e não algo ou alguém fora de nós.

Se consideramos a solução de problemas um Milagre, podemos compreender que Milagre é o desfazer da ilusão de que tínhamos um problema provocado por algo ou alguém fora de nós. Nada, nem ninguém pode nos trazer sofrimento. O sofrimento está em nossa mente, ele é criado a partir da culpa – a ideia de que há separação entre nós e Criador. Quando dela nos libertamos, através do verdadeiro Perdão, o sofrimento deixa de existir, juntamente com o problema, já a caminho da solução.

Mágoa x Liberação

Fui uma pessoa preocupada e com atitudes de quem não vive o presente e teme o futuro. A minha mente estava sempre voltada aos problemas. Na maioria das vezes, nem percebia que já havia resolvido o que me afligia e estava novamente com a mente preocupada com outro. Trata-se de um círculo vicioso que não dá Paz e nunca libera a mente para viver o presente.

Todos os nossos problemas decorrem de uma única compreensão errônea: ser separados uns dos outros e do Criador. O UCEM diz que cada problema é uma mágoa e que cada decisão que tomamos é uma decisão entre a mágoa e um Milagre. Se nos concentramos no problema com tanta intensidade que não conseguimos ver que ele já foi resolvido, entrando em contato com outro, é porque escolhemos manter a mágoa. Quem opta pela mágoa é o ego, ele não quer Milagres acontecendo ao nosso redor, pois estes nos dariam Paz. Ele deseja-nos agitados, inseguros e com medo, assim manteria o seu reinado na nossa existência.

"Cada decisão que tomamos é uma decisão entre uma mágoa e um Milagre. A mágoa se ergue como um escudo escuro de ódio diante do Milagre. Ao erguê-lo, não veremos o Milagre que está além, no entanto, durante todo o tempo ele espera por nós na Luz, mas ao invés disso contemplamos nossas mágoas" (Um Curso em Milagres, lição 78).

A mágoa é resultante da crença em sermos separados uns dos outros e do Criador. Sempre que tomamos a decisão de resolver, isoladamente, qualquer situação, ou seja, sem nos voltar para o nosso Ser, decidimos pela mágoa, erguendo uma parede diante do Milagre, pois optamos pela solução através do ego (ele é a parede, o escudo de ódio), assim, deixamos de ver o Milagre se realizar por meio do Amor Divino. Se ao invés disso, optarmos em entregar ao nosso Ser a decisão que tomamos, a realização se dará por meio do Amor, e, aí, sim, poderemos ver o Milagre acontecer.

Contemplar as mágoas é olhar diretamente para o problema e acreditar que só lutando ou que só definindo uma solução é que conseguiremos resolvê-lo, quando, na verdade, é entregando-o e vivenciando o momento presente de forma plena que permitiremos o seu desenrolar através da Essência.

Devemos compreender que, na Essência, os problemas não existem, e é nos voltando a ela, aceitando o Ser Espiritual que verdadeiramente somos, que vamos desfazer a ideia de que existia um problema, passando a ver a solução.

A comunicação que permitirá a solução se dá através das nossas mentes, daí a necessidade do Perdão. A falta deste bloqueia a comunicação porque estamos nos sentindo separados uns dos outros.

Portanto para solucionar os problemas devemos nos aceitar como seres espirituais, produtos do Amor maior, livres, seguros, curados e íntegros, desfazendo, assim, a mágoa resultante da crença na separação. Com a aceitação da união, os problemas já estão desfeitos ou resolvidos.

Ilusões x Realidade

Ainda criança, percebi que vivia em um mundo de ilusões. Era uma espécie de fuga do momento presente. Em geral, não me sentia feliz e, então, sonhava acordada, imaginando um momento melhor no futuro. Isso, por si só, não traria consequências negativas, mas, como as fugas eram habituais, eu nunca estava no momento presente. O presente deixava de existir para viver as ilusões que estavam no futuro.

Na idade adulta, reforcei a prática através de leituras de livros voltados ao sucesso, com técnicas para as conquistas profissionais, estabelecendo metas, contribuindo para manter-me no mundo de ilusões, afastando-me do momento presente.

Compreendo, hoje, que tudo o que vivemos materialmente se inicia por meio das criações mentais, mas que devemos nos manter no presente, vivendo-o com intensidade e alegria, entregando os nossos sonhos para a Mente Divina e não nos preocupando em como eles irão se concretizar. Devemos entregar o nosso minuto, a nossa hora, o nosso dia com Fé e confiança, deixando que cada momento seja uma agradável surpresa, e assim também será o nosso futuro.

As ilusões deixam de existir quando nos sentimos no momento presente, não mais almejando que algo nos aconteça no futuro, porque, mesmo que nossos sonhos ainda não tenham se concretizado, devemos ter em nós o sentimento de já os estar vivenciando, sentindo gratidão e alegria agora, em tudo o que já está acontecendo, vendo o positivo de cada situação, sentindo a Alma criar, apurar e transformar cada acontecimento através da nossa aceitação, entrega e Perdão.

Para tanto, novamente, é válido reforçar que sem o Perdão, que é a aceitação de nossa filiação Divina, é extremamente difícil sentir a realização no momento presente.

A realidade é vivenciar o agora, confiantes de que a sabedoria Divina nos conduz, permitindo um desdobramento constante, seguro e pleno, sentindo que o presente é o que a própria palavra significa: um presente, uma dádiva para ser vivida e sentida.

Atitude x Conformismo

Tomar uma atitude ou me conformar com a situação? Essa pergunta é constante quando começamos a aprender sobre a entrega, pois confundimos entrega com conformismo.

Conformismo é medo de agir, falta de coragem de tomar uma atitude. A entrega parte da aceitação do fato como ele é, com o objetivo de poder olhar para ele sem julgar. Em um primeiro momento, a entrega pode ser confundida com um estado de conformismo, mas o objetivo é totalmente diferente. Quando nos conformamos, ficamos apáticos e desiludidos, deixando de acreditar naquilo que queríamos para nós. Já quando entregamos, é porque confiamos que existe uma solução e ela nos será revelada, permitindo que tomemos a atitude certa e na hora certa.

Tudo parte de nós. Não existe nada fora de nós, impedindo que tenhamos ou sejamos aquilo que escolhemos, mas, para receber o que desejamos, é necessário nos sentir merecedores.

Por exemplo, sempre quis ser bem-tratada, receber Amor e atenção, mas tive grande dificuldade em me sentir assim. No momento em que percebi já estar recebendo, pareceu-me limitado e, de fato, era. Então, comecei a trilhar o caminho do Perdão, comecei por perdoar a todos que me tratassem mal, entendendo que eu era a responsável por esse tratamento e, aos poucos, passei a receber um tratamento infinitamente melhor. Mas percebi que faltava algo, embora recebesse um tratamento agradável e amigável de quase a totalidade das pessoas, ainda não me sentia completa. Estava só e não havia realizado inúmeras idealizações. A Fé e a confiança mantinham-me segura de que elas estavam para acontecer, mas por que a demora? O que ainda faltava perdoar?

Faltava perdoar-me! Amar quem sou, aceitando a pessoa bonita, generosa e determinada que vem desabrochando a cada dia. Parar de me culpar pelo que ainda não consigo realizar, sentindo-me feliz pelo que já estou realizando. Sentir-me amada por mim mesma acima e antes de tudo, compreendendo que vivencio um processo de evolução tanto espiritual como material. E sendo um processo, ele tem etapas de questionamentos e respostas. A cada etapa definida, aproximo-me mais dos objetivos traçados. Entrei com esse processo tendo como base o Amor, e é mantendo esse sentimento dentro de mim que vou obter o êxito que desejo. Para que o Amor se mantenha em mim, é necessário perdoar sempre, deixando o julgamento de lado. Não existe certo ou errado para a Essência. Julgamento de certo e errado só existe para o ego.

É através do Perdão a nós mesmos, que iremos sentir internamente o merecimento.

Responsabilidades x Limites

Acreditava ser responsável pelos outros. Se alguém surgia com um problema, lá estava eu, de prontidão, para apoiar. Se eu estivesse com problemas, também, buscava apoio nos outros. Em determinado momento, tomei consciência que dava apoio para que, mais tarde, pudesse recebê-lo da mesma pessoa. Nesse círculo vicioso, percebi que ninguém saía do lugar e os mesmos problemas se repetiam, havendo pouca ou nenhuma evolução. Todos sentíamo-nos injustiçados e dignos de pena.

À medida que me voltava para o interior, percebi uma responsabilidade crescente dentro de mim. Era um sentimento diferente, não me sentia mais tão responsável pelos outros, mas sim por mim. E isso bastava!

Compreendi, então, que somente sendo responsável por nós mesmos é que podemos ajudar, de fato, a alguém, não mais apoiando a sua fraqueza, e sim mostrando, com nossas atitudes, onde encontrar a força necessária para prosseguir.

A preocupação com os outros era, na verdade, uma grande fraqueza disfarçada de responsabilidade. Conviver com quem precisa de apoio nos faz pensar que somos fortes, mesmo que por alguns momentos. E é isso, basicamente, que buscamos ao preocupar-nos exageradamente pelos outros.

Ao nos responsabilizar verdadeiramente por nós mesmos, aprendemos a ter e a dar limites, deixando de carregar fardos que não são nossos e, também, deixando de ser um fardo tanto para nós mesmos como para os outros.

Ser responsável e ter limites não nos torna egoístas, apenas, faz parte da segurança e da plenitude que alcançamos ao passar a viver de acordo com a orientação maior.

Quando atingimos esse grau de maturidade, os resultados concretos de nossas escolhas começam a fluir.

Trabalho x Missão

Iniciei a busca espiritual com o objetivo de saber qual era a minha missão. Escolhi desenvolver a atividade profissional juntamente com a missão que acreditei ter, embora não tivesse a menor ideia de qual seria. Na verdade, estava desgostosa com a maneira que vinha desenvolvendo a minha profissão, com muito desgaste emocional e desânimo constante. A busca pela superação parecia-me desmedida, agressiva e, para mim, não fluía. Pedi ajuda Divina para ter uma atividade profissional que me desse tranquilidade financeira e, também, a certeza de estar fazendo algo útil, voltado ao bem maior. Queria trabalhar em Paz e com resultados.

Com o desenvolvimento dos estudos com o livro *Um Curso em Milagres,* houve uma preparação para a realização da atividade profissional voltada à evolução espiritual e material. O material contido nesse livro é totalmente voltado ao entendimento de como nos relacionar Perdoando. Assim, após quatro anos de dedicação aos estudos do livro *Um Curso em Milagres,* escrevi o material inicial deste livro e recomecei a minha atividade profissional com base neste aprendizado.

Não foi difícil colocá-lo em prática e, à medida que vivenciava a orientação recebida, percebi mudanças positivas nos relacionamentos.

Além da prática da entrega estar sempre presente, o que permite ao Ser Espiritual estar à frente, deixando o caminho livre para o Amor realizar, a aceitação dos fatos que não considero positivos é fundamental para manter o Amor em mim, estendendo-o ao outro, e, assim, realizá-lo por meio dele.

Compreendi com esse processo ainda em andamento, que as condições gerais do mercado de trabalho não mudam, mas a nossa maneira de atuar nele é que deve mudar. Essa mudança advém de conhecer a nossa Essência, aceitá-la e viver a partir dela. Se todas as atitudes que tivermos partirem de um diálogo que passamos a ter com o nosso Ser e as orientações são sempre de atitudes dignas e de bom caráter, a vida profissional toma um rumo que nos leva à abundância almejada.

A missão que eu acreditava ter nada mais é do que viver de acordo com a orientação vinda da Essência, que não julga ou questiona o que escolhemos. Ela apenas nos prepara para vivenciar as nossas escolhas, inicialmente, nos fortalecendo por meio da Fé e confiança, liberando-nos do medo e, em seguida, mostrando-nos como deixar de sentir culpa, ensinando-nos a perdoar a nós mesmos para nos sentir merecedores.

Entendo que, quando fizemos a escolha de desenvolver a nossa atividade profissional juntamente com a evolução espiritual, seremos conduzidos a desenvolver algo não distante do que já vínhamos desenvolvendo, utilizando-nos das habilidades que possuímos e já estamos colocando em prática, mas nossas atitudes serão embasadas no diálogo com o nosso Ser e tudo o que fizermos com base nesse diálogo terá apoio Divino e fluirá. A engrenagem passa a rodar azeitada, sem quebras. A motivação passa ser o servir e não mais o receber. Passamos a importarmo-nos menos com o quanto vamos ganhar e mais com o que estamos aprendendo e nos enriquecendo espiritualmente com a realização da atividade. Os diálogos serão fáceis e não deixarão arestas, o respeito que passamos a ter por nós mesmos será passado adiante em atitudes contínuas, não deixando espaço para a mágoa entrar e dificultar o desenrolar das atividades planejadas.

A atividade profissional desenvolvida por meio da Essência é um jogo voltado à evolução. Quando aprendermos as regras do não julgamento e do Perdão, a evolução dar-se-á naturalmente, trazendo-nos os resultados almejados.

Disposição e Alegria

Antes de iniciar esse processo, a dificuldade para começar o dia era enorme. Buscar o sustento diário, inicialmente, parecia atraente, mas logo se tornava um fardo. Eu queria crescer materialmente e procurava superar os desafios. À medida que os superava, sentia-me realizada por alguns momentos, mas logo vinha o questionamento se isso era o bastante. Entendia que precisava lutar pelo sustento, para ter o dinheiro necessário para viver. Mas, quando os recursos obtidos com tanta luta eram utilizados em supérfluos para que me trouxessem alguma alegria, tudo parecia sem sentido.

Percebi que criava determinadas necessidades para ter obrigação de trabalhar, pois, se não estava com compromissos financeiros pendentes, a motivação desaparecia. Portanto eu trabalhava unicamente para obter dinheiro, embora me preocupasse em encontrar algo dentro do trabalho que trouxesse alguma disposição não era duradouro, porém a necessidade de dinheiro me forçava continuar.

Hoje, a grande diferença é que o dinheiro não está mais em primeiro lugar, nem em segundo ou terceiro. Ele, realmente, não está mais em lugar algum na relação de motivos para me dedicar ao trabalho.

Quando me propus a evoluir espiritual e materialmente, o processo criado me fez deixar de olhar em primeiro lugar para o valor material existente em tudo: nada era mais importante do que a Essência de cada um. Não importava se o valor pago era muito ou pouco, ele não representava o valor da pessoa, o meu valor ou ainda o valor do trabalho: o único valor presente era o Amor. Embora ainda não o compreendesse claramente, sabia que ele não apenas estava presente como era TUDO o que importava.

O interesse que demonstrei e verbalizei em aprender sobre o Amor, em como viver e realizar por meio dele, foi o bastante para que o meu Ser fizesse de tudo, de tudo mesmo, para que eu o vivenciasse e, mais tarde, sentisse em mim.

Agora, ao senti-lo, vejo a facilidade com que me relaciono com as pessoas: sem cobrança, sem apego, sem esperar mais ou menos. O Amor antecipa-se a todas as ações, deixando o ambiente preparado para que possamos estar nele, com ele.

Essa energia poderosa que está em nós e no outro, só precisa da nossa aceitação que precede ao Perdão para fazer a ligação entre nós e o outro.

Conforme passei a entrar em contato com a minha Essência, percebi que as tarefas simples, por meio das quais eu pudesse conviver com quem mais necessitava, despertavam interesse, mas, como as atitudes da Essência ainda não tinham se sobreposto as do ego, logo começava um diálogo desanimador: e se me voltasse para essas atividades, quem iria me sustentar ou sustentar a minha família?

Passei grande parte do aprendizado questionando sobre qual era realmente minha missão. Entendi que deveria existir uma missão determinada para mim. E se ela não permitisse que eu tivesse a vida abundante que almejava ter? Deveria contentar-me em fazer o que um possível destino espiritual me reservava, conformando-me?

Enquanto evoluía, percebi que o que era solicitado era que me voltasse para as atividades e relacionamentos com atitudes embasadas na ótica Divina, que realizam por meio de um sentimento de igualdade, portanto são sempre de bom caráter e dignas. Essa solicitação não vinha de fora de mim, de algum plano especial, ao qual eu deveria me dedicar, mesmo que não fosse totalmente da minha vontade. Essa é a escolha do Ser que sou, não para atender algum projeto pré-preparado, mas para viver a existência sem os conflitos do ego com a Essência. E só com a decisão de sobrepor os interesses da Essência aos do ego, passei a sentir disposição e alegria em realizar as tarefas e vivenciar qualquer situação.

Diante dessa compreensão, entendi que os mais necessitados não são os que possuem poucas condições financeiras, mas todos nós que ainda não nos voltamos para o entendimento e aceitação do Ser que somos.

Obstáculos x Superação

Minha mente projetava ideias e, quando tentava colocá-las em prática, encontrava inúmeros obstáculos. A falta de Fé nos faz desistir antes mesmo de agir, pois os obstáculos estão somente na mente que se sente sozinha e derrotada por antecipação. Esse é, infelizmente, um processo gradual que nos faz sofrer e encolher. Se nos forçarmos a continuar apenas pela necessidade, o desânimo toma conta de nossa mente, e o projeto continua somente no nosso pensamento e, muitas vezes, nem mais nele.

O que falta para que possamos seguir adiante nas buscas que nos trazem realização, são as características de quem procura também a evolução espiritual além da material:

Em primeiro lugar, porque passamos a aceitar que não estamos sós, que podemos nos voltar para a Energia Criadora com a qual estamos conectados e, em segundo lugar, porque o projeto passa a ser de interesse geral, quer dizer, não é mais só nosso, pois compreendemos que somos unidos uns aos outros por meio do elo espiritual e, de uma forma ou outra, muitos irão se beneficiar dele.

Para que possamos fluir nesse andar, é necessário criar o hábito de um diálogo constante com a nossa Essência, dando à sabedoria espaço para interagir conosco.

Com o hábito de dialogar com a Essência, tornamo-nos mais calmos e confiantes. É como se passássemos a "bola adiante", seguros de que o gol sairá.

O poder sobre o que estamos construindo está além. Devemos ficar confiantes de que, se fizemos um projeto por meio do diálogo mantido com a Essência, ele deve ser o melhor para nós e nos levará ao desenvolvimento de toda a potencialidade que possuímos, assim, não há como a realização sonhada deixar de ser concretizada.

Dessa forma, aprendemos, também, a não mais nos fixarmos em resultado. Entregamos com confiança e continuamos a nossa caminhada vivendo o presente, que é sempre a grande dádiva que recebemos.

Incerteza x Medo

Muitas vezes, confundi incerteza com dúvida. A incerteza parte da confiança que depositamos no Ser que somos, pois o ego gosta da certeza dele. Vejo muitas pessoas com a fé do ego, uma grande certeza de que algo dará certo, mas sempre lá no futuro. Percebo que essa fé do ego, voltada ao futuro, é medo da realização no presente ou, ainda, **da realização presente**, ou seja, medo de olhar para o que já está acontecendo e ver que é possível nos sentir plenos agora.

Ao conseguir ter essa atitude de **sentir o presente**, desistimos do medo (mesmo que, inicialmente, por alguns instantes), e desistir do medo é desfazer o ego.

É possível ficar no presente quando optamos por não julgar. Eu costumo usar a seguinte frase em pensamento, repetindo-a inúmeras vezes: "ausência total de julgamento, sou grata aqui, agora" e deixo um tempo para reflexão, procurando relaxar. Normalmente, a mente desiste de julgar e permite a compreensão de algo com uma resposta vinda da Essência.

Portanto a incerteza que costumamos sentir quando entregamos, permite ao Espírito encontrar a solução para as nossas buscas em meio a inúmeras alternativas existentes.

Sei, por experiência, como é difícil aguardar os resultados das buscas que empreendemos e, também, quanto é difícil ficar entregues quando as dificuldades estão batendo à porta.

Se as buscas forem ditadas exclusivamente pelo ego, quando a resposta positiva não é imediata, desistimos e empreendemos uma nova busca. É provável que esta, também, não nos dê o retorno que queremos, mas estaremos envolvidos em algo novo e, por algum tempo, teremos distração. Assim, passamos pela existência, começando projetos e relacionamentos, e desistindo deles com igual facilidade.

Os projetos com base no Amor, vindos do diálogo com a Essência, podem ser demorados e dependem de muita Fé e persistência. Compreendi que a "urgência" em chegar à realização é do ego, o maior desafio é justamente nos sentir realizados durante o percurso. Isso porque a concretização do ideal é importante, mas o andar até ela deve possuir o mesmo valor, para sentirmo-nos plenos sempre. É certo que, se não conseguimos nos sentir realizados durante os passos que estamos dando, também não nos sentiremos ao chegar ao que nos propomos.

Às vezes, ficamos com a impressão de que estamos sendo testados e que nunca chegaremos ao resultado ao qual desejamos. Isso acontece porque não sentimos a realização do momento presente. O resultado já aconteceu; para percebê-lo, é necessário aceitá-lo: o que buscamos é Amor. Se estamos conseguindo andar com esse sentimento presente, o principal resultado do que empreendemos já está concretizado. O restante do projeto, também importante, que está sendo construído com esta base sólida e verdadeira, chegará a tempo de nos permitir usufruí-lo.

Apenas precisamos não recuar em nossa Fé, permitindo que a sabedoria Divina atue também junto àquelas pessoas e situações que precisam de mudança para que a nossa busca se torne real.

Evolução e Amadurecimento

Quando iniciei a busca pela evolução, relacionei várias mudanças que seriam significativas e importantes para mim.

A opção em realizar por meio do Amor me fez aprender a Perdoar todas as situações, tanto as negativas como as que eu considerava positivas. Por esse motivo, não pude simplesmente abandoná-las. Se assim o fizesse, as mágoas acompanhar-me-iam e eu jamais poderia me sentir plena. Percebo que é difícil nos sentir felizes, acreditando que deixamos alguém infeliz pelo caminho, mesmo que nossas atitudes tivessem como objetivo uma mudança positiva. Somos unidos e, por essa razão, é impossível que, ao praticar um ato que deixe o outro em uma situação para a qual não está preparado, não queiramos encontrar uma forma de desfazer ou fazer algo que o faça se sentir melhor. Contudo, a responsabilidade que vem com a evolução e o amadurecimento é que nos impede de "deixar para lá ou para trás" o que fizemos e percebemos ter magoado, mesmo com a consciência de que, naquele momento, queríamos o melhor.

Para o ego, é difícil desprender-se de uma situação que provocou mágoa. Ele acredita que a culpa fará o outro nos perdoar ou, ainda, que por meio dela é que vai obter o que deseja do outro. O ego acredita, também, que se entregar a situação para o Ser, o relacionamento deixará de existir e, então, ele "perdeu". A mágoa mantém a situação, ainda que negativa, através da separação, e ele considera a possibilidade de um ganho sempre no futuro.

O Perdão inicia com a entrega da mágoa para que ela seja desfeita. Quando aceitamos entregar ao Divino a situação que nos provoca mágoa ou ainda que nos magoa, estamos desfazendo-a e permitindo a entrada da Paz.

Quando buscamos mudanças por meio da Essência, estas serão para sempre, e nunca as receberemos pela metade. É um processo valioso, um verdadeiro tesouro para a existência, um amadurecimento contínuo, no qual não existem culpados. Começamos a, literalmente, andar com as nossas próprias pernas, e sentimos uma força crescente em nós. É nossa Alma evoluindo, superando obstáculos e atingindo os objetivos a que nos propomos. É, também, um momento em que percebemos a gratidão surgir de forma natural e espontânea. Sabemos que estamos chegando onde nos propomos chegar, mas os sentimentos – com a Essência aflorada – não permitem a euforia característica do ego, porque sabemos que o poder e a Força para a obtenção dos resultados almejados fazem parte de nós, mas não são nossos, e que devemos nos manter conectados com a Energia Criadora para que se concretizem.

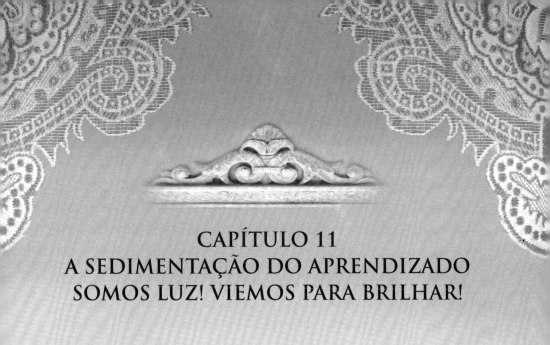

CAPÍTULO 11
A SEDIMENTAÇÃO DO APRENDIZADO
SOMOS LUZ! VIEMOS PARA BRILHAR!

É difícil admitir, a partir do ego, que possuímos essas qualidades – de que somos Luz e viemos para brilhar. Ele transforma-as em algo negativo com o objetivo de negá-las. Se nos comparamos com pessoas que acreditamos possuírem Luz e brilho, ficamos em dúvida sobre o nosso potencial nesse sentido.

O ego questiona: como vai brilhar se não possui condições materiais, não é tão bonito, nem tão inteligente?

Quando fui instruída de que eu possuía essas características, fiquei com muitas dúvidas, não conseguia ver o meu potencial nesse sentido. Percebi que, por meio do aprendizado que estava obtendo, eu poderia fazer diferença, mas não conseguia ter alcance do valor disso. A ótica até aquele momento era sobre o valor material, mensurável, palpável e aparente de tudo e todos. Então, para ser Luz e brilhar, eu acreditava que devia demonstrar materialmente esse valor, não só por mim, mas também para que acreditassem em mim, se eu realmente pretendesse passar adiante o que estava começando a entender.

Hoje, percebo que a Luz e o brilho que possuo partem daquilo que sou interiormente. Somos como uma lâmpada, a Luz vem da conexão com a energia disponível, para que ela brilhe e ilumine os ambientes. Sendo assim, não dependemos de valores externos para nos sentir com Luz interior.

A Luz que possuímos internamente tem ficado escondida pelo negativo presente em nossa mente. Como olhamos ao redor, com os olhos do ego, vemos, em primeiro lugar, o negativo que possivelmente possa estar por trás de cada situação ou realização.

Já, quando passamos a olhar com os olhos do Amor, entendendo que o negativo é uma ilusão provocada por nossa culpa ou medo, veremos o Amor em primeiro lugar, a presença Divina em cada um e em cada situação. O olhar emprestado pela Divindade tem o poder de desfazer o negativo, deixando em nossa mente somente o positivo e bom de tudo e todos.

Basta limparmos a mente de tudo o que a obscurece – isso significa nos Perdoar – para que a Luz comece a surgir. Quando a percebermos piscando levemente, não conseguiremos mais ficar na escuridão. Vamos querer Perdoar a cada minuto para ser essa Luz que viemos para ser, brilhando e iluminando o nosso caminho e o de todos com quem convivemos.

O AMOR NOS CRIOU COMO ELE MESMO

O livro *Um Curso em Milagres*, na lição 62, ensina que Deus nos criou como Ele mesmo. Eu conhecia a frase de que Deus nos criou à Sua imagem e semelhança, mas pela crença que eu tinha sobre o Criador, não passava de uma frase sem efeito.

A nova compreensão que passei a ter sobre um Deus amoroso e não punitivo me fez aceitar a filiação Divina e me sentir sendo produto desse Amor incondicional e infinito.

Sendo criados como Ele mesmo, podemos optar em fluir pela vida, sendo felizes, evoluindo espiritualmente e, ao mesmo tempo, criando e realizando os nossos sonhos materiais.

A compreensão de que existem basicamente dois sentimentos em nós, Amor ou medo (os restantes são decorrentes destes), faz optar por um deles, já que eles não coexistem: se sentimos medo, o Amor não se apresenta, ficando escondido pelo medo. Para sentir Amor, é necessária a Fé voltada à Fonte criadora, aconselhando-nos com o nosso Ser.

Para que possamos ter atitudes com base no Amor devemos permitir a sua entrada, limpando o caminho de todos os sentimentos contrários, como o orgulho e a mágoa.

Para conseguirmos êxito nessa faxina, precisamos refletir e obter uma clara compreensão de quais são os sentimentos que derivam do medo. Até porque o ego (medo) costuma travestir-se de Essência, levando-nos a acreditar que estamos certos em ter atitudes com base nele.

Se tivermos dúvida sobre qual é a base que estamos usando (medo ou Amor), basta observar se nossas buscas estão fluindo. Se não estão, é porque a base ainda é o medo.

Então, fazer a opção de seguir nos nossos propósitos com atitudes com base na Essência, que não dão margem a erros, serão livres de todo o peso que a falta de Perdão e o orgulho possuem, permitindo a realização de todos os sonhos acalentados por meio do Amor, pois é dele que partem a alegria e plenitude.

Somos criados no Amor, viemos do Amor e somos o Amor!

FORTALECIMENTO

Estamos continuamente buscando fortalecimento fora de nós, somos movidos pela necessidade material e financeira. Olhamos para tudo como se tivesse um cifrão na frente e, da mesma forma, acreditamos que estão nos olhando.

Pensamos que as conquistas nos deixarão fortes e seguros, já sabemos que não é assim, pois, por mais que conquistemos, continuamos buscando segurança.

O fortalecimento que buscamos está em confiar no Ser Divino que somos. É da nossa Essência que partem os sentimentos que nos farão seres seguros. Acessar a nossa fortaleza interior é a base para que as realizações nos tragam aquilo que realmente buscamos: Amor.

Com a força desse sentimento em nós, podemos realizar Milagres em nossa existência, partindo da aceitação de que tudo o que de bom nos acontece ou acontece ao outro se trata de um Milagre.

As buscas materiais também fazem parte do plano do Criador para a salvação e evolução. À medida que aprendemos sobre o Amor com essas buscas, aproximamo-nos do objetivo maior. E então, as realizações passam a acontecer, não mais de forma lenta e truncada, mas fluindo sem entraves.

A diferença é que não mais nos respeitamos ou respeitamos o outro pelas conquistas materiais, entenderemos que a força para essas conquistas está além do esforço do ego e que nossos sonhos estão se concretizando porque nossas atitudes estão sendo conduzidas por essa Força. Não somos melhores do que ninguém pelos feitos, apenas colhemos os frutos resultantes da confiança e da Fé que depositamos na Energia Criadora. Assim, sentimo-nos fortalecidos verdadeiramente, e esse fortalecimento vem para ficar conosco. Não mais seremos impelidos a novas buscas com o objetivo de nos sentir fortes, saberemos que a Força já está em nós, e isso nos dá segurança. As buscas que empreenderemos servirão, principalmente, para vivenciar o Amor e exercitar o Perdão.

Domínio pessoal

Sempre soube da importância do domínio pessoal, mas não conseguia compreender como ter esse domínio sem ser controlando as minhas atitudes, o que exigia um esforço significativo e difícil. Quando conseguia ter domínio, parecia que represava os sentimentos para, mais tarde, liberá-los de forma desmedida, prejudicando a situação e a mim também.

A compreensão que passei a ter difere muito da que vivenciei, pois esse domínio não se obtém nos forçando a isso, ao contrário, é nos liberando e entregando ao nosso Ser a situação e os sentimentos. Com a aceitação (reconhecer que nada é mais importante do que o Amor que já está dentro de nós), a entrega e o Perdão, nos sentimos libertos do ego, permitindo que a Essência nos oriente sobre qual atitude tomar, se necessário for.

Quando passamos a interagir por meio da sabedoria Divina, possuímos uma clara compreensão de como agir e o que está por trás de nossa maneira de agir. Só a partir desse entendimento é que podemos interagir com o contexto social, relacionarmo-nos e obter os resultados práticos que almejamos.

A única forma de ter domínio pessoal é através do autoconhecimento. Qualquer outra forma não será autêntica, em algum momento, através da fragilidade ou de atos, a verdade virá à tona. Autoconhecimento é o entendimento de quem somos, de onde viemos e para que viemos.

Portanto, o domínio pessoal vem de mãos dadas com a sabedoria. De nada adianta buscá-lo por meio de leituras e tentativas vãs de colocá-lo em prática. Precisamos da Fé, da confiança e da entrega para que faça parte de nós.

Autonomia

O domínio pessoal leva-nos à autonomia, pois resulta da força que obtemos ao dar ao nosso Ser a condução do andar no dia a dia.

Por meio dessa entrega, determinamo-nos a ter atitudes com base no Amor, e isso não significa o amor do ego (apego e carência), e sim um sentimento verdadeiro que não leva em consideração as artimanhas do ego que objetiva se manter no comando das ações.

Para ter autonomia, devemos nos certificar de que os sentimentos de raiva e falta de Perdão, decorrentes do medo, foram entregues e desfeitos, porque, conquanto pareçam nos encher de coragem no momento em que os utilizamos, ao longo do tempo, fazem com que nos sintamos fracos e volúveis. Já as atitudes com base no Amor, no instante em que as colocamos em prática, dão ao ego uma visão de fraqueza, já que ao invés de "lutar", aceitamos e entregamos a situação, mas, ao longo do tempo, reforçam-nos e nos trazem a verdadeira autonomia.

O Amor verdadeiro e incondicional que embasa as nossas atitudes tem como objetivo a evolução e, para tanto, determina um andar onde os objetivos do ego são tirados do caminho. Inicialmente, podemos parecer até egoístas ao não considerar os interesses do coletivo em nossas decisões, e como nos determinamos a ter autonomia dificilmente, vamos agradar a todos. Certamente, não iremos agredir ou atacar, mas sim nos posicionar conforme o Amor verdadeiro orienta. E sendo ele a base, o nosso posicionamento será entendido e aceito com absoluta certeza.

Equilíbrio

Nas orações que eu fazia estava presente o pedido de equilíbrio e Paz. Acreditava que era o que faltava para viver melhor e dar uma vida digna aos meus filhos. Estava certa, apenas não imaginava o quão intensa seria essa busca e quanto os objetivos do ego deveriam deixar de ter importância. Infelizmente, fui uma dessas pessoas que o mundo material dominava totalmente, porque desconhecia qualquer sentimento vindo da Alma.

Pelo intenso despertar que tive, acredito que a Essência esteve sempre muito próxima de aflorar e, por esse motivo, sentia-me tão desajustada ao mundo material, embora ele tivesse grande importância para mim.

Hoje, percebo que, para ter Paz e nos sentir ajustados, é necessário equilibrar Espírito e matéria. Ao meu despertar, o Espírito teve de ter grande prioridade, não só porque eu quis, mas sim porque se fazia necessário essa introspecção para conviver com minha Alma, ouvi-la e aceitá-la, passando a confiar nesse lado sábio e inteligente e, aos poucos, dar a ela o comando do meu andar aqui.

O equilíbrio entre Espírito e matéria se dá por meio da Alma, porque ela sabe respeitar as nossas buscas, aceitando-as e fazendo-nos sentir o merecimento para usufruí-las.

Lembro que acreditava que, no mundo material, deveria utilizar as atitudes do ego e, nos afetivos, a Essência. Durante um longo período, questionei insistentemente sobre qual a maneira adequada para me relacionar profissionalmente e recebi uma orientação vinda do Ser: **Essência para tudo**.

A partir desse momento, passei a colocar em prática a entrega para que minhas atitudes partissem da Essência. As mudanças que eu buscava começaram a acontecer de forma impressionante, sem conflitos e entraves.

Ter atitudes com base na Essência não é desconsiderar o que estamos buscando. É, em primeiro lugar, entregar para o nosso Ser e só, então, tomar a atitude que nos sentirmos orientados a tomar, não forçando o andamento, deixando a sabedoria nos conduzir para chegarmos ao resultado almejado.

Dar os milagres que recebemos

A generosidade e a abundância estão de mãos dadas. Quando aceitamos o Ser ilimitado que somos, entendemos que dar é uma forma de ter, uma vez que sabemos que o poder em criar está em nós. Esse poder não se limita a criar apenas para nós, e sim almeja abundância para todos. Os Milagres que recebemos serão passados adiante, porque se multiplicarão, diferentemente da compreensão do ego que costuma dar para obter algo novo em troca.

Ao aceitar a unidade que somos, compreendemos que, ao permitir por meio da nossa mente que todos tenham a abundância que escolhemos ter, estaremos simplesmente nos permitindo vivenciar essa abundância com Paz e plenitude. Os Milagres de toda ordem que oferecemos partem do Ser Divino que somos, ele realiza por meio de nós, porque precisa da nossa liberação em função do livre-arbítrio.

Devemos ser generosos em nossos pensamentos, pois como diz o livro *Um Curso em Milagres,* Lição 297: "O Perdão é a única dádiva que damos" e "tudo o que dou, dou a mim mesmo".

Realizar sem culpa

É difícil, para quem viveu uma existência de culpa e falta de Perdão, realizar os objetivos traçados sem a interferência do ego, pois, ao perceber que a realização dos objetivos está próxima, sentimo-nos confusos: trata-se do conflito do ego com a Essência. Antes, realizávamos tudo com esforço, acreditando que, assim, estaríamos pagando o preço da culpa, passando então a ser merecedores, visto que nos desgastamos tanto durante o andar.

Ao realizar por meio da Essência, sem esforço, os antigos sentimentos de culpa e falta de Perdão vêm à nossa mente, embaralhando-a. Para desfazer esse conflito, devemos aceitar o que está acontecendo conosco sem julgar, deixar a mente dar voltas até querer novamente um lugar seguro. Esse lugar está à sua espera, junto ao Ser Divino que somos. Quando a mente volta para o positivo, que é a mentalidade certa, percebemos que a culpa e a falta de Perdão se desfizeram, não estando mais presente para impedir a chegada dos Milagres que pedimos.

Já não mais nos culpamos quando os nossos pensamentos não julgam as situações, deixando-as ser o que são e, ao mesmo tempo, estão voltados positivamente para as realizações que desejamos. A mente entende, finalmente, que nada de negativo existe verdadeiramente, só o positivo é real!

É como se estivéssemos reaprendendo a caminhar, mas, à medida que nos afirmamos no propósito em realizar por meio do Amor, não permitiremos a entrada de sentimentos que limitam, sentiremo-nos sempre mais seguros de que a sabedoria realmente nos conduz sem risco de quedas e contusões.

Para isso, devemos nos aceitar, sendo tudo aquilo que Deus nos criou para ser. Assim, o medo, a culpa e a falta de Perdão darão lugar à confiança, à Fé e à entrega, que nos levarão através do Amor para uma vida de equilíbrio, expansão e Paz.

Aceitar, evoluir e expandir através do amor

Esta é uma decisão que não precisamos de grande esforço para colocar em prática, basta aceitar e o Céu vai conosco nessa escolha. Tudo o que necessitamos para evoluir e expandir, nos utilizando desse nobre e Divino sentimento, é colocado à nossa disposição: bons livros, cursos, seminários, relacionamentos e atividades profissionais saltam a nossa frente e nos conduzem a esse aprendizado valioso, fazendo com que passemos a interagir com o nosso Ser como nunca havíamos feito. Vamos pedir muito, e de formas diferentes das que estávamos acostumados, sem uma oração decorada, sem participar de cultos religiosos, sozinhos, sem que ninguém precise saber. Iremos, inclusive, brigar, colocar dúvidas e desistir da Fé por alguns momentos para, em seguida, voltar a dialogar como se nada tivesse acontecido, seguros de estar sendo aceitos e ouvidos.

Esta é a maneira de entrar em contato com Deus, por meio do nosso Ser. Saberemos que Ele está em nós, que somos parte Dele e que nada irá interferir em nosso relacionamento, que existe uma cumplicidade maravilhosa entre nós e Ele. Ele fala conosco, nós O ouvimos e entendemos por meio de um verdadeiro ato de Fé, sem que O vejamos por meio dos olhos do corpo, a grande barreira que o ego impôs para que não acreditemos Nele e na Sua força, que está em nós.

Por isso, quando a evolução e expansão começam a acontecer através da Essência, dúvidas surgem: fomos ouvidos? Somos mesmo merecedores? Temos direito ao que pedimos?

As dúvidas desfazem-se no momento em que percebemos já possuir tudo o que pedimos, pois, na verdade, o que buscávamos era Amor e, estando com Ele, sentindo-o por meio do Perdão, entendemos que fomos ouvidos e somos merecedores, sim!

Trabalhar para e com o Amor

Entendo que trabalhar ou vivenciar o Amor não é uma missão, e sim um curso natural para quem despertou para esse sentimento. É evidente que sempre há a interferência do ego e, assim, não nos parece tão natural, pois se faz necessário transpor ou desfazer essa interferência para seguir com o Amor em nós.

O Amor é uma força que nos faz evoluir e expandir. Essa evolução e expansão abrangem um grande conjunto de situações e, neles, naturalmente, pessoas, e difere da compreensão do ego sobre ajudar e ser ajudados. A ajuda que recebemos e oferecemos tramita por meio do Ser – que é Amor –, sendo desnecessário o movimento físico para isso. O que se faz necessário é a opção pelo Perdão para o Amor estar presente.

Com o Amor em nós, as atitudes são pautadas nele. Não precisamos nos preocupar em como agir em cada situação, pois se prontifica a nos conduzir e orientar.

O Amor é mais do que um sentimento para o qual despertamos, é tudo o que somos e tudo o que nos envolve. Portanto trabalhar com e para o Amor é perceber e ver em nós, no outro e nas situações a presença constante desse sentimento.

A ENTREGA

A Fé e a confiança na realização de determinado objetivo difere da entrega, porque o objetivo da entrega é retirar o valor excessivo que o ego dá as realizações. A entrega é um desfazer do valor que estamos dando a alguma situação. Como? Diria o ego! Se algo é tão importante, porque desfazer o seu valor? Quero justamente o contrário, quero que esse algo aconteça de forma positiva!

A entrega é o desfazer da **necessidade** do ego. Ele deve desistir da ilusão de que determinada realização possa nos dar plenitude, compreendendo que já somos plenos pelo Ser que somos, para, então, o Amor poder criar e recriar com base nele e, assim, esse algo acontecerá de forma realmente positiva, vinda do Amor.

Aparentemente, parece o mesmo realizar através do ego ou por meio do Amor, mas só aparentemente, porque a criação com base no Amor é abrangente e ilimitada, enquanto a do ego é limitada, mantendo a sensação de falta.

Portanto, quando conseguimos nos desfazer da necessidade em obter determinada solução, seja ela boa ou ruim para nós, estamos entregando.

A Fé e a confiança mantêm-se, mas no Ser para o qual entregamos a nossa necessidade e não na realização, que está entregue e não ocupa mais nossos pensamentos com preocupação. Virá a nós no momento adequado.

A RESPONSABILIDADE PELO QUE VIVENCIAMOS

"Eu sou responsável pelo que vejo. Eu escolho os sentimentos que experimento e eu decido a meta que quero alcançar. E todas as coisas que me parecem acontecer, eu as peço e as recebo conforme pedi" (*Um Curso em Milagres*, cap. 21, II).

Quando entro em contato com a lição acima, vem o questionamento: se sou responsável por tudo o que me acontece, e é certo que não busco conscientemente as situações negativas, por que as vivencio? E por que escolho vivenciar determinadas situações que não estão sendo possíveis?

Com esse quadro, entendo que busco o sofrimento e não a alegria. Estou constantemente vivenciando situações negativas e almejando outras que poderiam me fazer feliz, mas que não se concretizam.

Aceitar a nossa responsabilidade pelo que vivenciamos significa desfazer a "culpa".

A culpa advinda da ideia de separação não permite que estejamos conscientes das nossas escolhas e pensamos estar dando seguimento às escolhas que outros fizeram, e as realizamos sem um sentido verdadeiro para nós.

No momento em que nos responsabilizamos pelo que está acontecendo, assumimos também mudar em nossos pensamentos e sentimentos. Sem responsabilidade, a mudança é impossível, porque o nosso Ser somente assume mudar algo que aceitamos ser nosso. Ele não pode mudar algo que minha mãe ou meu pai idealizou, pode, sim, mudar o que eu estou fazendo em mim mesmo. Então, quando a união espiritual é aceita, entendendo que este elo sempre existiu e sempre existirá, podemos dar segmento a determinadas idealizações sem culpar, mantendo a nossa escolha que pode, inclusive, ser a mesma já idealizada, mas, agora, sob nossa total responsabilidade, sem o sofrimento vindo do poder dado ao ego, e sim com a liberdade e a alegria vindos da realização a partir da Essência.

O PERDÃO, NOSSA ÚNICA FUNÇÃO

A salvação é minha única função aqui. Salvação e Perdão são a mesma coisa. Ambas sugerem que algo saiu errado, alguma coisa da qual é preciso ser salvo, alguma coisa da qual é preciso ser perdoado; algo que está errado e precisa de mudança corretiva, algo à parte ou diferente da vontade de Deus. Portanto, ambos sugerem uma coisa impossível, mas que, no entanto, tem ocorrido, resultando num estado de conflito visto entre o que é e o que nunca poderia ser (*Um Curso em Milagres*, lição 99).

Perdoar-nos e perdoar ao outro por algo que nunca ocorreu (a separação) é a nossa única função aqui. Significa simplesmente aceitar a união existente entre nós e nossos irmãos e entre nós e o Criador. É voltar a acreditar no Amor que somos e que o outro também é, vendo-o com os olhos da Alma, sem julgar.

"[...] Estar sem um corpo é estar no nosso estado natural, reconhecer a Luz da Verdade em nós, reconhecer-nos tais como somos. Ver o nosso Ser separado do corpo é dar fim ao ataque do plano de Deus para a salvação e, ao invés disso, aceitá-lo. E, onde quer que seu plano seja aceito, já está realizado [...]" (*Um Curso em Milagres*, lição 72).

Diante dessa explanação, fica claro o objetivo da salvação. Salvação é aceitar o nosso estado natural, nosso Espírito como Criação Divina. Para chegar a esse entendimento, é necessário a opção pelo Perdão porque ele desfaz os conflitos que o ego cria em nossa mente.

Por isso, guardar mágoas é contrariar o plano do Criador para a salvação.

A aceitação do Espírito de Amor que somos desfaz as mágoas criadas pela ideia errônea de separação, liberando-nos para ser aquilo que viemos para ser.

Quando iniciamos o entendimento de quem realmente somos, de que fomos criados a partir do Amor, de que nossa Essência é Divina, de que somos seres ilimitados em poder, passamos a aceitar com muita facilidade realizar a nossa caminhada, dando a mão ao nosso irmão e seguir para o nosso Lar seguro, que é a casa do Amor.

Perceber que o nosso Espírito está continuamente em contato com os nossos irmãos e com o Criador auxilia a aceitar uma enormidade de fatos.

Passaremos, também, a entender porque tivemos tantas dificuldades em nossa existência, quando ainda acreditávamos na separação. O quanto atacamos injustamente nossos irmãos, quanta raiva e falta de Perdão tivemos por sentirmo-nos desesperadamente sós. O quanto nossa mente limitada castigou o nosso corpo, o quanto nós o odiamos e quanto o idolatramos ao mesmo tempo. O quanto lutamos para atender os inumeráveis desejos do ego e quanto nos sentimos impotentes diante dos outros. Quanta dor e sofrimento essa compreensão errônea da separação nos trouxe.

Fazer a caminhada com Cristo é partilhar de Seus ensinamentos, dar a mão ao nosso irmão e conduzi-lo à Luz. É justo que, após ter tido acesso a ela, queiramos que todos venham a ter esse mesmo benefício. Foi isso que Cristo fez e agora pede a nós, que tivemos acesso a linguagem da Alma, que façamos a nossa parte.

Caminhar ao lado de Cristo é uma honra incontestável e, aceitando-a com humildade, iniciamos a caminhada de volta ao acolhedor Lar que nos aguarda, dando a mão aos nossos irmãos, sem exceção, em uma corrente de Amor e fraternidade, que trará, a todos, a Paz, a alegria e a plenitude sonhadas e merecidas.

CAPÍTULO 12
CRESCIMENTO E EVOLUÇÃO - CONSIDERAÇÕES

Crescer e evoluir não partem do mesmo princípio. Crescer é uma transformação aparente com base no visível; evoluir está baseado no invisível e a transformação é sutil e profunda, tornando-se aparente, à medida que desejamos crescimento e evolução para todos.

O crescimento presente na superação material, muitas vezes, é confundido com evolução, enquanto que a verdadeira evolução pode ocorrer de forma paralela ao crescimento, ou se antecipa a ele, que é o ideal, pois, se estivermos evoluídos no momento de desfrutar o crescimento, deixamos de vivenciar sentimentos que destroem o que criamos. Vamos, então, considerar determinados sentimentos que envolvem crescimento e evolução:

Ciúme — teria o ciúme poder de impedir o crescimento e a evolução de alguém?

A insegurança, que é a base do ciúme, impede-nos de crescer e evoluir, e também prejudica o crescimento de quem sentimos ciúme, se esta pessoa depender de nossa aprovação, isto é, se ela também for insegura.

Portanto, nos relacionamentos onde o ciúme está presente, o crescimento e a evolução não acontecem de forma fluída. Esse sentimento nem sempre é aparente e consciente. Para tomar consciência dele, devemos querer olhar para o relacionamento e procurar os motivos de estar estagnado. Com a estagnação, esse sentimento fica escondido pelas inúmeras dificuldades que surgem. Não mais sentimos ciúmes do outro, já que a condição enfraquecida de ambos não o favorece, mas basta uma atitude no sentido do outro mostrar potencial voltado ao crescimento e evolução para que esse sentimento venha à tona.

Para nos desfazer do ciúme é necessário, em primeiro lugar, identificá-lo e aceitar que ele está presente e, em seguida, perdoarmo-nos e entregar ao nosso Ser a escolha sincera de deixá-lo ir, afirmando: isso eu fiz a mim mesmo e quero desfazer.

Mágoa – o que a mágoa faz com os nossos relacionamentos?

A mágoa impede que a energia de Amor, sempre presente no Universo, transite entre nós e os outros, criando a separação e dificultando ou desfazendo os relacionamentos. A mágoa, mesmo que voltada a uma única pessoa, é uma força bloqueadora da entrada do Amor. Quando nos magoamos com o outro, na verdade, estamos magoados com Deus. E, magoados, bloqueamos a energia que vem Dele, impedindo que Milagres aconteçam.

Da mesma forma que o ciúme, a mágoa deve ser identificada e aceita e, em seguida, entregar ao nosso Ser a opção pelo Perdão para desfazê-la, reafirmando: isso eu fiz a mim mesmo e quero desfazer.

CAPÍTULO 12

IDOLATRIA – O QUE SIGNIFICA IDOLATRAR ALGUÉM E POR QUE IDOLATRAMOS?

Idolatrar significa acreditar na força existente fora de nós, no outro. Idolatramos porque ainda desconhecemos a nossa própria força, a que está em nosso interior. O UCEM refere que ídolos escondem a nossa Luz. Ele não afirma que ídolos nos prejudicam, mas sim que, se ficarmos buscando pessoas, acreditando no poder delas para resolver os nossos problemas, permitimos que escondam a nossa Luz. Isso porque a Luz que possuímos está em nosso interior e, ao voltarmo-nos para o ser que somos, começamos a nos iluminar. Buscar a energia fora de nós, no outro, impede o nosso brilho. Somos Luz, viemos para brilhar e cada um deve ter confiança na sua própria Luz, no Ser que é.

A idolatria é desfeita quando, antes de um ídolo, optamos em nos voltar para o nosso Ser, aceitando que é por meio dele que tudo o que escolhemos se realiza. Aqueles que atendem às solicitações do Ser são os instrumentos do Amor, da mesma forma, somos o instrumento do Amor para outros.

INVEJA – POR QUE ESSE SENTIMENTO EXISTE? NINGUÉM É SIMPÁTICO A ELE E COMO, ENTÃO, ELE SOBREVIVE?

Ele existe porque vivemos baseados na desigualdade e o sentimos porque queremos ser, no mínimo, igual ao outro em *tudo*. Mas igual para o ego não serve, ele quer ser mais do que o outro e nos castiga com essa busca por superação. Ela sobrevive, apesar da nossa antipatia, porque não buscamos a Essência, onde vamos conseguir vivenciar a verdadeira igualdade e parar de sofrer com essa eterna tentativa de busca por superação. Não há nada a ser superado, aliás, há: superar a necessidade de superação, aceitando a igualdade em Essência que somos. Assim a desfazemos da mesma forma que o ciúme e a mágoa: identificando, aceitando, perdoando e entregando ao nosso Ser a escolha de desfazê-la.

Euforia

A euforia traduz a prepotência característica do ego, que se apresenta quando acreditamos estar obtendo resultados sem o apoio da Essência, quando não questionamos de onde vem o poder que resulta na realização. O ego acredita ter poder para criar e realizar, mas, na verdade, não possui esse poder (ele é apenas uma ilusão e, assim sendo, só pode criar outra ilusão). Portanto, quando vivencia situações onde há criação e realização – sempre vindas da Essência –, fica eufórico. Evidente que se ele apenas vivencia algo que se ilude estar criando, essa situação não é duradoura.

A única maneira de desfazer a euforia é aceitar que o poder para todas as criações e realizações que vivenciamos vem do Ser que somos e que realizamos através Dele. A força está em nós e é liberada por meio do Amor que sentimos ao escolhermos realizar algo. Quando esquecemos de onde a força provém, é que nos tornamos eufóricos e prepotentes.

Irritação

Esse sentimento surge sempre que o ego não está sendo atendido em primeiro lugar. Somos Espíritos habitando um corpo ilusório, no momento em que desejamos algo que seja desta ou daquela forma e que aconteça em determinado momento, estamos dizendo que isso é tudo o que precisamos para ser feliz, enquanto a felicidade jamais depende de algo externo a nós, simplesmente pelo fato de que ela já está em nós, e é tomando consciência disso que passamos a ser verdadeiramente felizes. As buscas externas podem oferecer momentos de alegria, mas não nos deixam felizes de verdade e, por esse motivo, estamos continuamente em busca de mais momentos de alegria. O ego também quer a felicidade, mas não compreende que ela independe dessas criações. Ele confunde alegria com felicidade, então, quando o Espírito procura mostrar de onde vem a verdadeira felicidade, fazendo com que a reconheçamos, deixando para depois a alegria, a irritação surge.

O Perdão é a chave para a felicidade, porque, à medida que aprendemos a perdoar todas as situações que provocam irritação ou desconforto, vamos ao encontro desse sentimento intenso e envolvente que é a felicidade, para, então, sentindo-a, vivenciar as alegrias reservadas a nós.

Culpa

Esse sentimento, que está entranhado em nós, nem sempre é percebido. Ele está diante das inúmeras dificuldades que encontramos. Afastando-o, conseguimos solucioná-las e, para afastá-lo, é necessária a aceitação de que somos, em primeiro lugar, Espíritos, e que o que vivenciamos é ilusão e pode ser modificado quando entregarmos ao Ser Divino que habita em nós. A culpa advém da ideia errônea de termos nos separado de Deus e dos nossos irmãos. Costumamos projetá-la no outro, acusando-o pelas dificuldades que vivenciamos. Muitas vezes, encontramos justificativas que evidenciam nossas acusações, porque, de fato, determinadas situações aparentemente ocorrem, embora sejam ilusões. Devemos ter ciência de que provocamos estas situações, permitindo ou levando o outro a praticá-las. O ego não assume a sua responsabilidade e opta por culpar, acreditando que, assim, estará livre do problema, o que não é verdade e, dessa forma, o deixamos sem solução. Mas quando assumimos a nossa responsabilidade, dizendo "isso eu mesmo fiz e quero desfazer," estamos obtendo o poder que o nosso Ser nos oferece para a resolução da dificuldade criada.

O Poder que está em nós é liberado pelo Espírito Santo sempre que optamos por perdoar e assumir a responsabilidade pelo que acontece, permitindo, dessa forma, a continuidade do nosso processo de crescimento e evolução.

Medo – como desfazemos a presença dessa força negativa?

Essa negatividade somente é desfeita através da Fé voltada à Fonte criadora. Quando depositamos a nossa Fé em pessoas e organizações, isto é, no material, é o medo que reforçamos em nós e agimos sob o seu comando, tendo atitudes com base na escuridão provocada por ele, ficando sempre à espreita de que algo negativo venha a impedir os acontecimentos positivos.

Se quando a nossa mente desenhar algo que deseja optarmos em entregar essa escolha, deixando que a divindade que habita em nós realize para nós, estamos depositando a nossa Fé na fonte das realizações que se utiliza da Força do Amor. A ansiedade advinda do medo dará lugar à Paz e à tranquilidade existentes em quem opta em realizar por meio do Amor.

Percebemos que nossa Fé está sendo depositada na Fonte quando, ao invés da escuridão provocada pelo medo, enxergamos a Luz que está além. Nossa mente não mais se detém nas nuvens negativas das ilusões, ela sempre percebe a claridade despontando acima delas.

O Amor está sempre presente, mas não o sentimos porque as ilusões o deturpam com a negatividade. Para sentir o Amor devemos desistir do medo, pois medo e Amor são antagônicos. Para desistir do medo devemos voltar-nos sempre para a Fonte criadora, nunca para os meios ou os fins.

Imagine que você está desenvolvendo determinada atividade e optou pela realização por meio do Amor, mas, mesmo assim, está preocupado com os seus resultados. Ficar focado no andamento, acreditando na força do ego para que os resultados sejam os esperados somente reforçará o medo. Sempre irão surgir dificuldades, quando optarmos em aceitar que estas dificuldades nada significam diante da Força do Amor existente na Fonte de tudo o que é criado, vamos superá-las uma a uma sem o estresse provocado pelo medo, ou seja, com Amor. E o andar para a realização será seguro e tranquilo, sem percalços e entraves.

Perdão

Como perdoar de forma a poder usufruir dessa abundância? Por que vivemos com base na escassez e falta, mesmo com a abundância disponível?

Simplesmente porque não *reconhecemos* a abundância. Nossa mente está sempre descontente em busca de algo mais e não consegue enxergar o que já está usufruindo, não permitindo, assim, que a gratidão seja expressa.

O Perdão, que é a aceitação da Divindade que somos, faz com que nos sintamos contentes pelo Ser e não pelo ter. E a alegria do Ser é contagiante e duradoura e se expressa pelo sentimento de gratidão.

Julgamento

Costumamos ter ideias preconcebidas de como as pessoas devem agir, o que devem fazer para a obtenção do sucesso e realização.

Se percebemos alguém agindo em desacordo com o nosso conceito, rejeitamos a atitude e também o indivíduo, fazendo, inconscientemente o mesmo conosco, pois somente julgamos o outro por refletir aquilo que nós estamos sendo, mesmo que, aparentemente, estejamos agindo de acordo com o nosso conceito de certo.

Devemos ter presente que certo e errado não existem para o Ser. Para ele, o que importa é a evolução por meio da aceitação e do não julgamento, onde o Perdão se torna presente.

É dessa forma que vamos, também, crescer e nos desenvolver materialmente, pois o Ser Divino, sempre à nossa disposição, está ciente de tudo o que escolhemos, tanto para nós como para os outros e, ao perceber o sincero e consciente interesse na evolução espiritual, passa a oferecer-nos, de forma livre e generosa, a realização dos nossos objetivos materiais.

Orgulho – o que significa? Pode ser positivo?

O orgulho advém da crença na separação. Diante da união, ele some e nos permite sentir a verdadeira humildade. Humildade esta que se diferencia da conhecida humildade, em que a avaliamos por ter menos ou ainda por desmerecer as criações materiais.

O merecimento das escolhas que fizemos parte justamente da aceitação das mesmas e não da sua negação. A humildade vem do reconhecimento de que a criação de tudo o que existe no Universo advém da Energia Divina com a qual o nosso Ser faz o elo por meio do Amor.

Portanto, o orgulho significa que estamos acreditando no poder do ego e sabemos agora que o poder para criar vem da Fonte Criadora. Dessa forma, ao sentir orgulho, estamos nos equivocando. Não é positivo pois o próprio orgulho desfaz as criações em que acreditamos ter obtido através do ego. Como o orgulho desfaz o que criou? Deixando de se interessar ou desconsiderando o seu valor. Isso acontece porque, de alguma forma, esse sentimento sabe que não detém poder. Se ele acredita que criou e não acredita verdadeiramente no seu próprio valor, então, o que foi criado deixa de ter valor e desfaz tal criação.

Somente nos dirigindo para o nosso interior, onde reside o Ser intocado pelos sentimentos do ego, que passamos a viver a verdadeira humildade. Lá, o orgulho inexiste.

Obsessão x Desobsessão

O mundo das ilusões é um terreno fértil para as obsessões. Enquanto buscamos fora de nós, dirigindo-nos diretamente para os nossos desejos, vamos, inconscientemente, obsediar. Já no momento em que optamos em dirigirmo-nos à Fonte, desapegando-nos deles e entregando-os, libertamo-nos da obsessão.

O comportamento obsessivo parece apenas nos estressar, mas prejudica imensamente a realização, pois impede que a Energia do Amor seja liberada. Sentimo-nos aprisionados às escolhas por acreditar que, se as liberássemos, estaríamos desistindo delas e, assim, não se materializariam, quando, na verdade, elas devem ser liberadas para que a Fonte venha a criá-las.

Muitas vezes, o sentido da existência resume-se em obter o que escolhemos, mas por maior valor que a escolha tenha para nós, o verdadeiro sentido deve ser o Amor. Devemos estar conscientes dele em nós para que o desejo se realize. O Amor não vem com a escolha ou objeto, o Amor é quem os cria e libera para nós.

Nada deve ser mais importante do que o sentimento de Amor em nós. Sempre que nos percebemos ansiosos, inseguros quanto à realização, devemos entender que estamos apegados e que devemos nos desapegar e entregar para voltar a ter o sentimento de Amor em nós.

Conquanto pareça que estamos sendo infantis com a atitude de desapegarmo-nos, sabemos que a confiança tomou o lugar do apego. Percebemo-nos leves, livres e seguros, porque não é somente a nossa escolha que está entregue, nós também estamos entregues ao Amor.

A desobsessão desfaz-se com o desapego e a entrega, liberando a nossa mente, permitindo-nos utilizá-la para o processo de evolução, em que aproveitaremos o nosso tempo para aprender sobre o verdadeiro sentido de estarmos aqui.

CONCLUSÃO

Nunca havia me preocupado com a evolução espiritual, mas sempre desejei equilíbrio e Paz para chegar à abundância material, podendo, então, ter uma vida digna.

Durante a minha vida, fui adepta de leituras que mudassem a minha maneira de pensar e viver. Queria evoluir, sim, mas dentro da psicologia clínica, da programação neurolinguística, da psicologia cognitiva ou neurociência.

Li inúmeros livros, alguns utilizavam fragmentos dessas áreas de estudos em trabalhos de autoajuda. Todos tinham o seu valor, mas percebia uma limitação: não conseguia interiorizar e sentir o que estava aprendendo, assim, não conseguia, também, modificar minhas atitudes. O ensino era de fora para dentro, e a verdadeira mudança não acontecia.

Quando entrei em contato com livros escritos por estudantes do *Um Curso em Milagres*, percebi, pela primeira vez, que a verdadeira mudança começava a acontecer e, dessa maneira, tornei-me também uma estudante do UCEM.

O aprendizado da linguagem da Alma deu-se, então, por meio da coletânea *Um Curso em Milagres*, impresso originalmente, em inglês pela *Fundation Inner Peace*, ditado pela Voz à Dra. Helen Schucman, psicóloga e pesquisadora da Universidade de Columbia, impresso em português pela Editora Abalone, em São Paulo – SP. Trata-se de um estudo profundo, onde o aluno se desfaz totalmente da linguagem do ego e aprende a linguagem da Essência, o idioma do Criador.

A cada frase que lia, compreendia, então, o que sempre havia buscado confirmar. As atitudes de caráter e dignidade citadas pela ótica Divina sempre estiveram dentro de mim, esperando pelo despertar. E despertei de um sono profundo para uma verdade absoluta, plena e inigualável.

A confiança e o senso de proporção humano, que estamos rapidamente perdendo no mundo atual, somente serão despertados por meio da abertura de nossa Alma.

É essa abertura que procuro proporcionar por meio deste livro escrito, a quem busca encontrar um caminho para a Paz e a evolução.

A Fé em Deus, advinda dessa abertura, conduzirá os seus passos. Basta dizer sim, com Fé e confiança no Criador, e o processo de evolução desenrolar-se-á, tomando uma proporção que a mente jamais imaginou ser possível.

Anna Izabel Fagundes

BIBLIOGRAFIA

Um Curso em Milagres. Fundation for Inner Peace, Inc. São Paulo: Editora Abalone, 1994.
CHOPRA, Deepak. *As sete leis espirituais do sucesso.* Rio de Janeiro: Editora Best Seller, 1994.
VANZANT, Iuanla. *Um dia a minha alma se abriu por inteiro.* Rio de Janeiro: Editora Sextante, 2000.
WILLIAMNSON, Marianne. *Um retorno ao Amor.* Brasília: Editora Francis, 2002.
TOLLE, Eckhart. *O poder do Agora.* Rio de Janeiro: Editora Sextante, 2001.
TOLLE, Eckhart. *O despertar de uma Nova Consciência.* Rio de Janeiro: Editora Sextante, 2007.
CHOPRA, Deepak. *O Caminho para o Amor.* Rio de Janeiro: Editora Rocco, 2010.
ISHA. *Por que Caminhar se você pode voar?* Rio de Janeiro: Editora Fontanar, 2011.

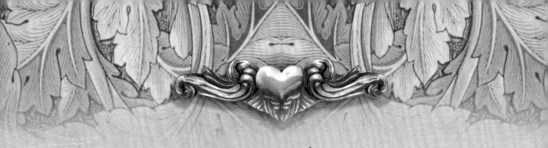

LEIA TAMBÉM:

RELAÇÕES DE AMOR SINCERAS

33 DIAS DE REFLEXÕES

Estamos continuamente em busca de realização.

Quanto mais realizamos, mais parece que precisamos realizar para nos sentir seguros e plenos.

Existe uma fórmula à disposição em nosso interior que nos deixará seguros e plenos sempre.

Para acessá-la, basta o real interesse em repensar o modo que estamos agindo no nosso dia a dia: o que desejamos vivenciar?

Agressões e discussões que invariavelmente nos levam a resultados negativos ou uma postura serena de Amor e compreensão diante das coisas que a vida nos apresenta, renovando, assim, as possibilidades de realização?

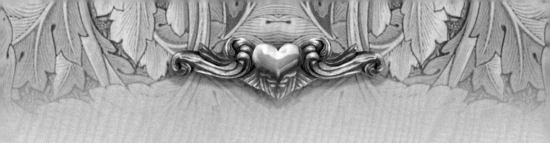

Depois do grande interesse despertado por seu primeiro livro, *A culpa não é sua*, Anna Izabel Fagundes nos convida a refletir por 33 dias sobre o Amor como "ferramenta" poderosa de transformação, permitindo que tenhamos paz e tranquilidade enquanto caminhamos rumo à realização dos nossos propósitos.

Estamos continuamente em busca de realização, mas o que desejamos vivenciar?

Esse é o convite que a autora faz a você, refletir por 33 dias sobre o amor como "ferramenta" poderosa de transformação, permitindo que tenhamos paz e tranquilidade enquanto caminhamos rumo à realização dos nossos propósitos.

176 págs. | 16 x 23 cm | 978-85-9927-576-4

Visite o nosso site:

www.besourobox.com.br

IMPRESSÃO:

PALLOTTI
GRÁFICA

Santa Maria - RS | Fone: (55) 3220.4500
www.graficapallotti.com.br